일상에서
만나는
예수님
2

일상에서 만나는 예수님 2

발행일	2017년 1월 12일

지은이	오 승 재		
펴낸이	손 형 국		
펴낸곳	(주)북랩		
편집인	선일영	편집	이종무, 권유선, 송재병
디자인	이현수, 이정아, 김민하, 한수희	제작	박기성, 황동현, 구성우
마케팅	김회란, 박진관		
출판등록	2004. 12. 1(제2012-000051호)		
주소	서울시 금천구 가산디지털 1로 168, 우림라이온스밸리 B동 B113, 114호		
홈페이지	www.book.co.kr		
전화번호	(02)2026-5777	팩스	(02)2026-5747

ISBN	979-11-5987-402-4 04230(종이책) 979-11-5987-404-8 04230(set)
	979-11-5987-403-1 05230(전자책)

이 도서의 국립중앙도서관 출판예정도서목록(CIP)은 서지정보유통지원시스템 홈페이지(http://seoji.nl.go.kr)와
국가자료공동목록시스템(http://www.nl.go.kr/kolisnet)에서 이용하실 수 있습니다.
(CIP제어번호 : CIP2017000899)

(주)북랩 성공출판의 파트너

북랩 홈페이지와 패밀리 사이트에서 다양한 출판 솔루션을 만나 보세요!

홈페이지 book.co.kr	1인출판 플랫폼 해피소드 happisode.com
블로그 blog.naver.com/essaybook	원고모집 book@book.co.kr

오승재 에세이

일상에서
만나는
예수님

2

오승재

지음

북랩 book Lab

추천의 말씀

이중수 목사

글은 음식과 같습니다. 맛있는 음식이 있고 맛없는 음식이 있습니다. 맛있던 음식이 맛이 없어지기도 합니다. 그래서 잘 다니던 식당에 발을 끊습니다. 맛을 유지하기란 쉽지 않습니다. 이번에도 오승재 장로님의 새 에세이집을 추천합니다. 원래의 맛이 그대로 살아 있기 때문입니다.

저는 본 에세이집이 어린아이의 글이라고 말하고 싶습니다. 유치하다는 뜻이 아니고 순수하다는 뜻입니다. 예수님은 제자들에게 어린아이와 같이 되지 않으면 하나님 나라에 들어가지 못한다고 하셨습니다. 저자는 솔직하게 자신의 약점과 허물을 간증합니다. 체면 가리고 이리저리 재다 보면, 처세는 될지 몰라도 성숙한 모습

---

* 이중수 목사는 1980년대 초부터 강해서를 집필하여 성경강해의 진면목을 알리는 데 기여하였다. 그는 한국성서유니온의 창립이사를 역임했으며 영국의 Capernwray 신학교와 London Bible College를 졸업했다. 현재는 플로리다 올랜도 새길 교회의 담임 목사이다.
저서로는 『헌금 이야기』, 『슬픔이 변하여 춤으로』, 『주기도문』, 『여호와 이레』, 『갱신된 교회의 모델』 등이 있으며, 역서로는 『구원의 핵심』, 『복음의 핵심』, 『주님은 나의 최고봉』 등이 있다.

은 아닙니다. 사실 어린아이와 같이 되는 것이 성숙입니다. 모양새를 좋게 한답시고 경건한 척하거나 세상 지식으로 포장한다면 자라지 못한 어른이라는 뜻입니다. 어린아이처럼 되라는 주님의 말씀은 거짓이나 위선이 없이 있는 그대로 진리를 받고 하나님을 신뢰하며 살라는 뜻입니다.

글도 삶의 일부분입니다. 설익은 어른의 글이 있고 진솔한 어린아이의 글이 있습니다. 오승재 장로님의 에세이집은 복잡하고 무거운 글이 아니고 동요와 같습니다. 동요는 어린아이의 마음으로 쓰는 글입니다. 부패하고 불순한 세상에서는 어른들의 드라마보다 어린아이의 동요가 더 낫다고 생각합니다.

본 에세이집을 읽으면서 저는 이 글이 교회 갱신에 대한 교훈을 담고 있다고 느꼈습니다. 교회가 갱신되어야 한다는 말은 오래전부터 있었습니다. 하나님을 두려워하지 않는 목회자들과 교인들이 너무 많아서 교회를 전체적으로 보면 낙심하게 됩니다. 그러나 여기저기에서 반딧불처럼 반짝이는 빛이 있습니다. 어려운 신학 사상을 논의하고 난해한 말로 성경 본문을 해석하기 때문에 빛이 되는 것이 아닙니다. 빛은 자신이 먼저 밝아야 합니다. 교회 갱신에 대한 목소리가 높은 때입니다. 그런데 들어보면 남 보고 그렇게 하라는 주문입니다. 알아주는 학적 배경과 훌륭하게 보이는 교회 경력을 등에 업고 나와서 하는 말들이기에 '자신들은 갱신되었느냐?'라고 감히 물을 수 없습니다.

　그러나 누구든지 교회가 새로워지기를 바란다면 자기부터 갱신해야 합니다. 자신의 삶은 위선적이고 부끄러운 곳이 적지 않은데, 남 보고 고쳐야 한다고 말하는 것은 어른 행세를 하겠다는 뜻입니다. 교회는 반드시 갱신되어야 합니다. 그런데 그것은 세미나로 해결될 문제도 아니고 구호로 달성될 수도 없습니다. 학위로도 안 되고 구태의연한 도덕 설교로도 되지 않습니다. 어쩌면 그 길은 단순하고 간단한 것인지 모릅니다. 그 길은 나부터 복음의 진리를 따라 사는 것입니다. 그리고 다른 사람들과 『일상에서 만나는 예수님 2』를 나누면 될 줄 압니다. 일상에서 일어나는 일을 통해 주님의 음성을 듣고 복음의 진리가 내 속에 살아서 나의 삶으로 표현되는지 날마다 반성해 본다면 교회는 새로워질 것입니다. 오승재 장로님은 일상의 작은 이야기 속에서 성경의 교훈을 한 가닥씩 뽑아내어 작은 반딧불처럼 비춰줍니다.

　『일상에서 만나는 예수님 2』는 졸졸 흐르는 시냇물처럼 우리들의 메마른 심령을 적셔 줍니다. 그런데 그 시냇물 소리는 많은 아픔과 깊은 신음을 거친 것입니다. 시냇물 아래에는 자갈이 있기 마련입니다. 큰 돌도 있고 작은 돌도 있습니다. 돌들은 물이 지나갈 때마다 몸에 상처를 내고 가는 길을 막습니다. 이처럼 저자는 노년이 되기까지 크고 작은 많은 돌로 인해 고통을 받으며 교훈을 받았습니다.

그래서 본서는 저자의 묵상에서 다시 독자의 묵상으로 이어지게 하기에 교회와 자기 갱신의 한 등불이 된다고 믿습니다. 무엇이 된 줄로 여기는 못된 어른이 되기보다 아무것도 모르는 순진한 어린 아이가 되어 동요를 즐기며 주님을 섬기면 좋겠습니다. 못된 어른도 동요를 즐길 수 있다면, 어린아이의 맑은 영혼을 본받게 될 것입니다. 신앙적으로 어린아이처럼 되는 것과 성숙한 어른이 되는 것은 동일 선상에 있는 다른 이름일 뿐입니다. 『일상에서 만나는 예수님 2』가 우리들의 구겨진 신앙생활을 펴주는 데 일조가 되기를 기원합니다.

머리말

    지난해에 저는 『일상에서 만나는 예수님』이라는 제목으로 신앙 에세이집을 낸 일이 있습니다. 그 이유는 지금도 기독교인들이 자기가 살고 있는 현장에서 만나고 그분이 주시는 은사와 능력으로 새 가치관을 가지고 새롭게 거듭난 삶을 사는 분들이 많지 않다고 느꼈기 때문입니다. 예수를 믿으면 그분이 행하시는 기적으로 병이 나으며, 경제적인 어려움이 해결되고, 특별 새벽기도를 하면 자녀들이 좋은 대학에 합격하고, 일천번제를 드리면 좋은 배우자나 직장을 얻을 수 있다는 그런 무속적인 생각을 가지고 있는 분들이 너무 많은 것을 알게 되어, 기독교인의 현주소가 이런 것인가 하고 생각되기도 했습니다. 이것이 유치부, 소년부, 중등부, 청년부의 교회 학생 수가 줄어든 원인이 아닌가 하는 생각도 합니다.

    무엇보다도 하나님의 말씀을 읽으며 '이것이 그러한가?' 하고 깊이 생각하고 하느님의 마음을 읽어 한 걸음씩 그분에게 가까이 가는 모습보다는 교회의 행사나 성수주일, 봉사단체의 모임, 이중 삼중으로 교회에서 맡은 직분, 전도해야 한다는 주님의 지상명령 등에 얽매어 예수님께서 우리를 율법의 멍에에서 벗어나 하나님의 생명의 법에 따라 살게 하기 위해 십자가에 피 흘려 돌아가셨는데 교인들이 다시 교회에서 만든 의식과 절차 때문에 주님을 떠나 반대편 길로 가고 있는 것이 아닌가 하는 생각을 자주 하게 되었습니다.

저는 직장에 다니는 기독교인이 자기는 직장 때문에 교회에 충실하지 못하고, 하나님께 죄를 지은 것 같다고 회개하며, 직장을 그만두고 신학교에 가거나, 개인으로 자비량 선교사로 떠나거나 해서, 부모나 자녀들에게 큰 상처를 주는 것을 볼 때, 그것이 정말 하나님께서 원하시는 일인지, 또는 주신 은사를 최대한 활용해서 하나님을 섬기는 청지기 역할을 하는 것인지 저로서는 이해할 수 없을 때가 많았습니다.

제가 하나님의 섭리를 온전히 깨달을 수는 없습니다. 그래서 저는 살면서 제 일상의 삶 속에서 예수님을 만나고, 나름대로 그분의 말씀에 순종하여 감사하고 영광을 돌리는 구체적인 사례를 글로 써서, 믿는 형제들과 그 삶을 나누며 제 잘못된 생각도 고쳐나가려고 합니다. 이와 같은 생각으로 다시 이 해에도 『일상에서 만나는 예수님 2』 시리즈를 계속하게 되었습니다. 저는 제 삶을 불살라서 주님께 바치겠다는 정열적인 신앙이 부족한 것을 압니다. 그러나 저처럼 열광적이지 않은 기독교인도 많이 있다는 생각을 하며 그런 분들과 함께 예수님께 헌신하는 신앙공동체도 만들 수 있다고 생각하며 이 책을 씁니다.

많은 비판과 함께 좋은 조언도 부탁드립니다.

2017년 1월
오승재

차례

추천의 말씀 … *4*

머리말 … *8*

1부 하나님의 음성

하나님의 음성 … *17*

'미안합니다'와 '감사합니다' … *24*

불순종한 미리암 … *34*

성경공부와 경옥고 … *41*

헛된 꿈 … *49*

카톡 공해 … *55*

쇼핑의 마력 … *59*

내 스승 감요섭 선교사 … *64*

교회를 옮기는 변 … *71*

2부 두 가지 걱정

생일 축하 … 79

둘이 살면 외로운가 … 84

게으름 … 88

작은 푯대 … 92

내게는 왜 기적이 일어나지 않는가 … 96

옐로스톤 국립공원 … 100

두 가지 걱정 … 107

벚꽃놀이 … 111

바자회에 내놓지 못하는 옷 … 115

내가 생각하는 기도 … 119

사순절 … 123

크리스마스 카드 … 127

내가 다닌 대전대학 … 132

제3부두 … 137

3부 6월의 기도

김준곤 목사를 추모한다 ··· 145

행함으로 믿음을 보이고 간 목사 ··· 155

위대한 대한민국 ··· 161

6월의 기도 ··· 166

안아주기 운동 ··· 170

생활공동체 ··· 174

야외예배와 침례 ··· 178

내 교회는 늙었는가 ··· 182

원수를 사랑하는가 ··· 186

죽음 사랑하기 ··· 190

나 자신을 사랑하는 이들 ··· 194

내 이웃을 사랑하는 이들 ··· 198

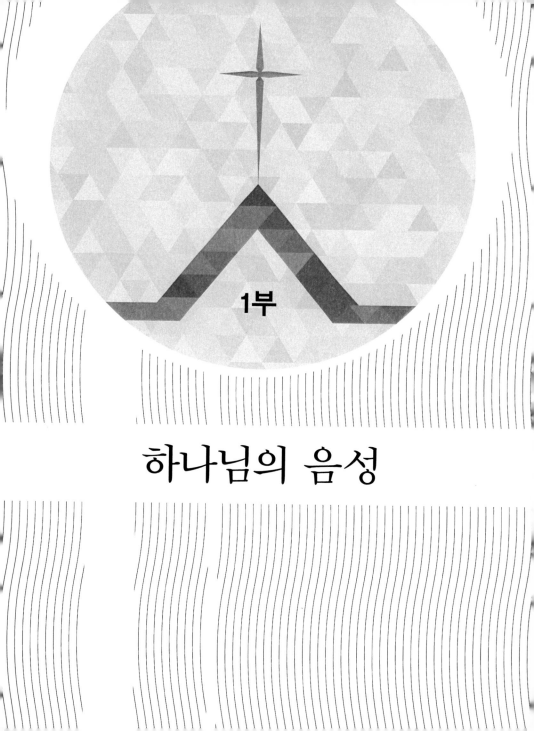

1부

하나님의 음성

하나님의 음성

최 교수는 미국으로 안식년을 떠나면서 중학교 3학년의 외아들을 데리고 갔다. 한 일 년쯤 그곳에서 영어공부도 시켜서 데려올 생각이었다. 한국보다 1년을 낮추어 봄 학기부터 미국 중학교에 편입을 시켰다. 여름방학이 되자, 다니던 마을 교회에서 2박 3일로 중·고등부 수련회가 있었는데 그곳에 참석하고 싶어 했다. 오리건주의 그 시골 교회는 여러모로 시설이 낙후한 교회였다. 수련장도 시원찮은 곳임이 틀림없었다. 야영한다는데 모기도 많고 강사도 시원찮고 찬양이나 기도 훈련도 한국의 서울과는 비교도 안 될 것 같았다.

특히 최 교수의 외아들 한별이는 변비가 있어서 아침밥을 채소와 함께 꼭 먹어야 하는데 텐트를 친 야영장에서 그렇게 먹일 수가 없는 일이었다. 미국에 와서도 아파트에 '비데'가 없다고 불평하던 아이였다. 그가 어렸을 적에 외할아버지의 칠순잔치에

간 일이 있었다. 할아버지가 사시는 시골 교회에는 좌변기가 없었는데 그 아이는 화장실에 가고 싶다고 발을 동동 굴렀다. 다행히 여자 화장실에 좌변기가 있었다. 내가 밖에서 망을 봐 줄 테니 갔다 오라고 했지만, 아이는 영 말을 듣지 않았다. 할 수 없이 그 교회 목사님 사택으로 가서 용변을 마치게 했다.

이런 아들인 한별이를 따돌림당하게 하고 싶지 않아서 핸드폰을 억지로 손에 쥐여주고 수련회에 보냈다. 수련회를 떠난 이틀 밤째에 최 교수가 너무 궁금하고 걱정이 되어 전화했지만, 핸드폰이 꺼져 있어 메시지만 남겼다. 그런데 아무 회답이 없어서 교회에 전화해 보았다.

그날은 수련장에서 멀리 떨어진 곳에 보내 그곳에서 텐트를 치고 하룻밤을 지내고, 다음날 배운 독도법讀圖法으로 지도를 활용하여 야영지에서 수련장까지 찾아오게 하는 프로그램을 시행하고 있다는 것이었다. 그러면서 담당자는 지금까지 몇 년째 해오고 있는 수련회 행사로 아무 탈이 없었으니 걱정하지 말라고 했다. 팀마다 각각 두루마리 화장지 한 통, 손전등, 삽, 그리고 토기 한 마리씩을 주었으니, 지금쯤은 팀장의 지시에 따라 불을 피우고, 토끼를 잡아 요리해서 잘 먹고 있을 것이라고도 했다.

그래서 그곳에 화장실이 있느냐고 물었더니 야영장에는 화장실이 없어 어디서나 후미진 곳에 구멍을 파고 용변을 마친 뒤 삽으로 덮어버린다고 했다. 마치 이스라엘 백성이 광야에서 헤매며 살았던 것처럼 이런 험한 훈련은 문화적인 삶 이전의 자연에서의 삶을 체험하고, 하나님의 사랑을 깨닫는 훈련이라고 설명해 주었다. 한국 수련회에서는 상상도 할 수 없는 일이었다. 더워서 땀만 나도 신경질을 부리는 아이들에게 레크리에이션 시간을 가져 즐겁게 해주면서 푸짐한 상품을 나누어 주어야 참석하던 수련회였다. 그래서 최 교수는 한국과는 다른 이곳 수련회가 걱정되었던 것이었다.

다음날 전화가 왔는데 독도법으로 본부에 돌아온 아이들과 부모가 만나는 자리가 마련되어 있다는 것이었다. 정신없이 차로 가서 아들을 만나본 최 교수는 얼마나 기쁜지 알 수가 없었다. 50년 이상이나 헤어져 있다가 만나는 남북 이산가족의 만남보다 감격이 더 컸다. 그런데 아들은 최 교수가 걱정했던 것과는 딴판으로 명랑하고 정말 아무 일이 없는 표정이었다. 이런 아들을 만나고 보니 막상 그를 맡기고 자기는 아무 일도 할 수 없을 때 하나님께서는 자기 아들을 돌봐주셨다는 느낌이 확 다가왔다.

"정말 아무 일도 없었니? 변비는 괜찮았어?"

"아주 기분 좋아. 내년에도 여기서 산다면 이번에는 내가 팀장 한번 해보고 싶어."

아들은 말했다.

식사가 끝나고 간이무대에서 아이들과 부모의 상봉에 대한 감회의 발표회가 있었다. 어떤 아버지는 자기 딸을 어떻게 사랑해야 정말 사랑하는 것인지 참으로 사랑하는 방법을 이제야 알았다고 말하고, 딸은 아버지의 사랑을 처음 알게 되었다고 서로 껴안고 울기도 했다. 이번에는 한별이 불려 나가 수련회의 소견 발표하는 시간이었다.

"저는 처음에 많이 걱정하고 떨었습니다. 우리를 버스에 태워 알지도 못한 먼 장소에 내려놓고 핸드폰도 다 회수해 가 버리자 산 중에 홀로 떨어진 것처럼 외롭고 울고 싶었으며, 어머니가 무척 보고 싶었습니다. 오직 하나 의지할 수 있었던 핸드폰도 가져가 버린 것입니다. 텐트를 치고 친구들과 누웠습니다. 그러나 잠이 오지 않았습니다. 그런데 아홉 시가 되자, 모두 취침하라고 불을 꺼 버렸습니다. 화장실도 가지 못했습니다. 풀벌레 소리만 처량하게 들려왔습니다. 누구를 의지할 것인가? 저는 어두워져 가는 해변에 홀로 남겨진 고아 같은 생각이 들었습니다. 갑자기 하나님밖에 의지할 분이 없다는 생각이 들었습니다. 어머니와 함께 기도했던 대로 기도했더니 마음에 평화가 왔습니다. 이 모든 자연은 나를 두렵게 하는 것이 아니고, 하나님께서 만들어서 우리와 함께 살게 하신 것이라는 생각이 들었습니다. 사르르 잠이 들었습니다. 그런데 꿈에 배가 너무 아팠습니다. '예수님, 저는 지금 배가 너무 아픕니다.' 하고 뒹굴었더니 어떤 부드러운

손이 내 배를 어루만졌습니다. 아프던 배가 가라앉았습니다. '내가 네 배를 낫게 해주겠다.' 그건 분명 예수님의 목소리였습니다. 깜짝 놀랐습니다. 저는 예수님의 음성을 들은 것입니다. 기분이 좋아 일어났습니다. 집에서처럼 성경도 별로 안 읽고 기도도 그렇게 정성 들여 하지 않았는데 이 산 중에서 왜 저에게 예수님은 나타나셨을까요? 그분은 제가 성경을 열심히 읽고, 기도를 성실하게 하고 있는 것보다 먼저 제가 두려워하는 것을 보고, 언제나 저와 함께하시고 저를 사랑하신다는 것을 보여 주셨던 것입니다."

아들의 간증을 듣고 최 교수는 흐르는 눈물을 억제할 수가 없었다. 첫째 놀란 것은 아들이 영어로 유창하게 이 모든 체험을 당당하게 이야기한 것이다. 둘째는 예수님이 아들에게 음성을 들려주신 일이다. 자기가 일 년간 기도학교에 다니면서 한 번만이라도 좋으니 주님의 음성을 듣게 해 달라고 그렇게 소원했는데 끝까지 안 들려주신 음성을 아들에게 들려주신 것이다. 지금까지 답답했던 가슴이 뻥 뚫리는 것 같은 후련함을 느꼈다. 그때까지 예수를 잘 믿어보려 했는데 자기는 너무 답답한 신앙생활을 했다. 늘 자기를 괴롭히던 질문은 '새벽기도는 잘 하고 있는 것일까? 십일조는 온전히 내고 있는 것일까? 성경통독을 잘 못 하고 있는데 그래도 성실한 기독교인이라고 인정받을 수 있을까?' 그런 것이었다.

　최 교수는 남들처럼 기도를 잘하고 싶어서 기도학교에 다녔다. 그런데 자기는 주님의 음성을 직접 듣지 못했으며, 방언도 받지 못했고, 신유의 은사도 받지 못했다. 그러면서 어떻게 예수님의 신실한 종이라고 다른 사람에게 인정을 받는다는 말인가 하고 속상했었다. 그런데 아들의 간증을 들으면서 최 교수는 갑자기 마음이 후련해지며 모든 구속에서 풀린 자유를 느꼈다. 그리스도께서 십자가를 지시고 자기를 자유롭게 하려고 자유를 주셨는데, 그때까지 자기를 '너는 나의 것'이라고 부르시는 예수님이 곁에 계시는 것을 깨닫지 못했던 것이다.

　최 교수는 평소에 모든 것을 하나님께 맡긴다고 하면서 자기 아들은 앞으로 이렇게 만들어 주셔야 한다고 자기의 욕심을 하나님께 구하는 기도를 하고 있었다는 것을 깨달았다. 최 교수는 주님께서 부르시는 빛 가운데로 나오지 못하고 지금까지 교회가 요구하는 형식과 의식과 율법적인 생각의 패러다임 속으로 자기를 집어넣어서 양계장 안의 닭처럼 되어 살고 있으면서 늘 부족한 자신 때문에 괴로워하고 있었다는 것을 깨닫게 되었다.

　"한별아, 정말 들려 달라고도 안 했는데 하나님의 음성을 들었어?"

　"그렇다니까? 나는 배가 아프다고만 했어."

　"그런데 '내가 네 배를 낫게 해주겠다.'라고 하셨어."

"정말 놀라운 것은 내 변비가 없어진 거야. 부끄럽기도 하고 또 변비를 영어로 뭐라 하는지 알 수 없어 그 말은 못했지만, 아침에 일어나서 나는 시원하게 변을 보았거든. 그리고 지금까지 기분이 좋아. 예수님께서 내 병을 치유해 주신 거야."

"주여, 감사합니다. 그 음성이 바로 나에게도 들려주신 음성이야."

"왜?"

"나는 하나님의 아들이야. 내가 음성을 들려달라고 하기 전부터 그분은 나와 함께 계셨어. 나도 내 생각을 내려놓고 있었으면 너에게처럼 진즉 하나님의 음성을 들려주셨을 거야."

"내가 너를 지명하여 불렀으니, 너는 나의 것이다.(사 43:1)"라는 구절이 새삼스럽게 복음으로 다가왔다.

'미안합니다'와 '감사합니다'

올해 여름은 유난히 더웠다. 한 달 넘게 30도가 넘는 찜통더위와 가뭄이 계속되고 열대야가 계속되자, 에어컨도 없는 반지하에 살고 있던 한 권사는 선풍기를 틀어보지만, 더위를 이겨내기가 힘들었다. 교회에서 운영하는 노인대학도 한더위에는 방학이었다. 귀는 잘 안 들려도 수요일 밤에는 교회에 나가는 것이 더 나았다. 후덥지근하고 답답했기 때문에 어디든 나가야 했다. 그런데 하룻밤은 교회에서 집으로 돌아오는데 발에 힘이 빠지고 좀 어지럽더니 집에 와서 쓰러졌다. 얼마 후에 정신이 들고 보니 침대 곁에 쓰러져 있었다. 오랫동안 혼자 살고 있었지만 그런 일이 없었는데 이러다가 아무도 모르는 사이에 죽는 것이 아닐까 걱정이 되었다. 영감을 떠나보낸 지 20여 년이 되었는데 그 당시는 그래도 건강해서 홀로 살 만하였다. 교회에서 단체로 가는 성지순례도, 중국, 일본, 호주 여행도 잘 따라 다녔다. 그러나 나이가 80을 지나 90을 넘으니 만사가 귀찮아지고 힘들었다. 빨리 하나님 곁으로 가고 싶을 뿐이었다. 새 목사가 와서 교회 건물을 헐고 새로 짓게 되자, 집도 교회에 바쳐 버리고 교인 집을 싼 전세로 얻어 살고 있었다. 빨리 하나님 곁으로 불러 달라고 새벽마다 기도하는데 몇 년을 기도해도 세상을 떠날 만큼 건강이 나빠지질 않았다. 친구는 뇌졸중으로 쓰러져 요양원에 갔고, 또 어떤 친구는 집에서 넘어져 고관절이 나가 거동이 불편해서 요양원에 있다가 세상을 떴다. 자기는 노인성 질환인 난청으로 보청기를 했고, 치아가 나빠져 의치를 한 것이 전부라서 그것으로는 요양원에는 들어갈 수도 없다고 했다. 그런데 어지럼증으로 쓰러진 일이 생겨서 동사무소에 가 여러 가지로 상의를 해 봤으나, 뾰쪽한 수가 생기지 않았다. 그들은 노치원老治園을 권고했다. 이곳은 아침부터 저녁까지 노인들에게 식사와 놀이, 치료 등 보호서비스를 제공하는 노인복지시설이라고 했다. 버스를 순회운영을 하면서 노인들을 데려가니 밤새 안녕한지 보살펴 줄 수 있는 너무 좋은 곳이며, 집도 저축도 없고, 부양을 책임질 자녀가 곁에 없고, 영세민(국민 기초생활보장 대상자)으로 현재 노령연금도 받고 있는 한 권사 같은 분에게는 더없이 좋은 곳이라는 것이었다.

그런데 한 권사는 늙어서 요양원에 간다면 공주원로원에 가서 살다 죽는 것이 평소 소원이었다. 한 권사가 그곳을 그리워하는 것은 그 원로원에서 선배 권사를 천국으로 보내드린 적이 있어서였다. 그분은 아픈 곳도 없었는데 전도사로 교회를 은퇴하여 거기서 잘 지내다가 갔기 때문이었다. 공주를 고집하는 또 다른 이유는 한 권사가 대전의 기독교 종합사회복지관에서 영아원 원장으로 있을 때, 관장이던 라애시덕Miss Esther Laird 선교사가 공주에 기독교사회관을 다시 세워보라고 자기를 보내, 일 년 반 동안 거기서 탁아를 보살피고, 간호사들을 두고 가정방문 등을 하면서 초대 관장이 부임할 때까지 수고한 적이 있어 공주와는 끈끈한 인연이 있었기 때문이었다. 그러나 그것은 1958년도의 일이요, 공주원로원에서 선배 권사가 돌아가신 것도 30년도 넘은 일이었다. 그러나 그곳에 가면 꼭 영구적인 해결책이 생길 것 같은 예감이 드는 것이었다.

강 장로는 부인 권사로부터 이런 안타까운 한 권사의 이야기를 듣고 어떻게든 돕고 싶다는 생각이 들었다. 그는 한 권사의 남편, 장로가 생존해 있을 때부터 그 장로의 사랑을 받으면서 오랫동안 교회생활을 해 왔고, 그분이 돌아가서 교회장教會葬으로 모실 때는 추도사도 한 적이 있는 가까운 가정이었다. 그래서 교회를 은퇴해서 홀로 사시는 전임 당회장 목사를 방문할 때는 홀로 사시는 한 권사와 동행했으며, 그 목사님도 한 권사와 함께 지난날 교회에 있었던 일을 회고하며 이야기 나누기를 좋아했다.

한 권사는 청렴결백해서 자기를 대동해 준 강 장로 차량 의자 호주머니에 꼭 현금을 얼마씩 넣어놓고 내렸었다. 공주의 옛 은퇴 전도사를 심방할 때도 강 장로는 한 권사를 대동해서 자주 갔었다. 그래서 한 권사는 이번에도 강 장로가 자기를 공주원로원까지 꼭 데려다주었으면 좋겠다고 생각하면서도 폐가 될까 봐 차마 말을 못하고 있는 것 같은 느낌을 받았다. 그래서 같이 가보자고 했더니 좋아하였다.

공주원로원은 설립 당시에는 은퇴목회자의 노후를 평안하게 모시기 위해 한국 장로교 복지재단에서 시작한 노인복지시설이었다. 그래서 그때는 교회를 은퇴한 교역자들이 쉽게 갈 수 있는 곳이었다. 그러나 최근에는 도에서 장기요양기관 지정허가를 받아 실버타운이라고 불리는 양로원과 심신이 불편한 자들을 수용하는 요양원으로 나뉘어 있었다. 처음부터 한 권사가 들어가기 쉬운 곳은 아니라는 것을 강 장로는 알고 있었으나, 그와 아내는 한 권사의 소원을 꺾지 못해 공주원로원을 방문하였다. 그리고 거기서 알아낸 것은 실버타운인 양로원에 비등급자非等級者로 들어가려면 최소 8천만 원의 시설이용계약금과 월 생활비 60만 원을 내야 한다는 것이었다. 그렇게 입주한 뒤에 검사를 받아 장기요양 등급자로 판정이 나면 요양원으로 들어가 거의 무료로 요양서비스를 받을 수 있다고 했다. 본관 2층에 있는 요양원을 둘러보았다. 각종 노인성 질환으로 지체부자유 환자들이 2인 또는 3인 1실에 거주하고 있었다. 외출이 금지되고, 나가려면 직원의 허락을 받아 승강기에 카드를 삽입해 보호자와 함께 나갈 수 있게 되어 있었다. 한 권사는 그런 생활을 원하고 있지 않았다. 얼마 전까지도 대학의 뒷산이나 운동장에 나가서 운동하곤 했다. 한 권사는 시간이 남아서 담갔다며 강 장로 내외에게 김치도 갖다 줄 정도로 건강한 분이었다.

그런데 고층 아파트에 불이 켜진 것을 보면 '나는 언제 반지하를 면하고 저런 방에서 살다 죽을 수 있을까?' 하고 한숨을 쉬었다는 한 권사의 말이 강 장로의 가슴을 아프게 했다. 건축헌금할 돈이 없다고 집을 바쳐 버린 것은 너무 심한 일이 아니었느냐고 한 권사를 탓하며 아내에게 말했더니, 아내는 그때 한 권사는 오래 살면 얼마나 살겠느냐고 생각했던 것 같다고 대답했다. 그런데 하나님께서는 한 권사를 쉽게 데려가시지 않았다. 한 권사도 몸을 못 쓰게 되기까지는 자유롭게 외출하고 싶었던 터라 공주원로원은 포기하고 집으로 돌아왔다.

그 뒤로도 한 권사는 대전 시내의 여러 요양원을 돌아본 모양이었다. 강 장로는 그러지 말고 교회 주변의 원룸을 알아보면 어떻겠냐고 물었다. 그런데 대학 주변의 원룸들은 방이 작고 전세보다는 사글세를 선호하며 세를 높이거나 금방 옮겨달라고 하면 그것도 문제라고 싫어하였다. 다음 해 여름에는 반지하지만

에어컨을 설치하고라도 같은 교인이라고 편의를 제공해 주는 교인 집에 살 수밖에 없다는 결론을 얻은 것 같았다.

현재 94세이고 언제 돌아가실지 모르는 한 권사가 전망이 좋은 원룸에서라도 한번 살아보고 싶다는데 그렇게 해 주지 못한 것이 강 장로는 안타까울 뿐이었다. 그는 원룸 값이 비싼 대전광역시보다는 다니는 교회까지는 차로 30~40분 정도 달려야 할 거리지만, 그들이 사는 계룡시 쪽이 낫지 않을까 생각도 했다. 토요일에 계룡시의 부동산 중개사를 찾아가니 일과가 끝났다고 했지만, 강 장로는 한 권사를 위해 원룸의 싼 전셋집을 찾아 달라고 부탁했다. 그리고 싼 전세금에 월 15만 원의 사글세 집을 찾았다. 기본시설은 갖추어 있는 곳이었고, 6층 건물의 4층이었으며, 엘리베이터도 있고, 걸어서 5분 거리에 교회, 홈플러스, 은행, 노인종합복지관이 있는 곳이었다. 대전에 있는 교회까지는 강 장로가 매번 자기들이 교회에 가는 편에 모시고 다니면 되는 일이었다. 또 가까운 노인종합복지관에 가면 새 노인들을 만날 수 있고, 점심은 천 원이며, 가끔 관광 여행도 다닐 수 있고, 공기 좋은 가까운 곳을 마음대로 산책할 수도 있는 곳이었다. 새벽기도나 밤 예배는 가까이 있는 교회로 가면 되어서 안성맞춤인 곳이었다. 전세금은 대전 것을 해약하면 되고 생활비는 기초생활수급연금, 노령연금 등 50여만 원이 나온다니까 살 수 있을 것 같았다. 문제는 오랫동안 다니던 교회 곁을 떠나 여기까지

올 생각을 하겠느냐는 것이었다. 그러나 이렇게 조건에 맞는 좋은 장소가 있다는 것은 믿을 수가 없었다. 강 장로는 왜 이런 생각을 미리 못했을까 속상할 정도였다.

부동산 중개사에게는 다음날 교회예배를 마친 뒤에 한 권사를 모시고 오겠다고 약속했다. 그는 한 권사가 노인종합복지관에 적응하기까지는 자기도 그곳에 나가겠다고 생각했다. 그러면서 그곳에서 붓글씨를 새로 쓰기 시작하면 너무 좋겠다고 생각했다. 적어도 한 권사가 장기요양 인정등급을 받기까지는 기쁘게 이곳에서 자기네와 함께 살며 하나님 앞에 서게 하고 싶다는 생각으로 마음이 들떴다.

다음날 교회에 갔다. 그리고 대예배가 끝난 뒤 점심을 먹었다.

"권사님, 계룡시에 있는 원룸을 한번 안 가보실래요?"

"장로님, 나를 사랑하시는 것은 알지만 나도 염치가 있는데 거기까지 가서 폐를 끼칠 수는 없어요. 나는 절대로 안 갈 거예요."

한 권사는 이렇게 말하며 완강히 거절했다. 그러나 이번 꼭 한 번만 가보자고 한 권사를 강권하여 차에 태우고 계룡시의 원룸까지 왔다. 그리고 그는, 부동산 중개사의 소개를 따라 돌아보는 한 권사의 눈치를 보며, 이곳 생활에 불편이 없을 것이라는 말을 입에 침이 마르도록 설명하였다.

중개사가 자기는 일요일에는 일하지 않는데 특별히 강 장로를 위해 나온 것이라고 했다. 그래서 중개사가 한 권사에게 이것저것 설명해 주었다. 중개사가 떠나기 전에 고맙다는 인사를 하려고 강 장로가 밖으로 나갔는데 그녀는 벌써 운전석에 앉아 있었다. 밖에서 문을 두들겼으나 기분이 썩 안 좋은 것 같았다.

"그래, 그 노인 권사님이 입주하겠다고 하던가요?"

강 장로가 묻자, 그녀는 퉁명스럽게 말했다.

"절대 안 올 테니 그리 알라고 하더군요."

그러더니 화가 난 듯 뒤도 돌아보지 않고 달려가 버렸다.

"어쩌면 좋아."

뒤따라온 아내도 안타까워 한마디 했다. 장기요양 등급을 받을 만큼 아프지도 않고, 다른 사람 폐는 끼치기 싫고, 자기는 힘들어 아무것도 하고 싶지 않은 한 권사를 어떻게 해야 할지 알 수 없다는 안타까운 탄식이었다.

강 장로가 한 권사를 다시 대전으로 모셔다드리고 돌아오는데 아내가 말했다.

"나이가 들면 자기 힘으로 모든 것을 다 할 수 없는데 왜 그렇게 죽는 것까지 자기 손으로 마무리하겠다고 하는 것일까요?"

강 장로 내외는 한 권사를 너무 잘 알고 있었다. 어릴 때는 아버지가 애국 운동을 한다고 만주로 가 버려서 어머니 밑에서 고생하고 살았으며, 일본인이 경영하는 학교는 다니지 못하게 하여 까막눈이었다. 처녀 때 홀어머니를 따라 대전으로 나왔는데 머리를 깎고 절에 들어가자는 것을 그녀는 도망쳐 시내 감리교회를 나갔다. 6개월 동안 그녀가 교회 나가는 것을 방해하던 어머니는 결국 포기하고 절로 떠나고, 그녀는 교회에서 운영하는 고아원에서 여전도사를 따라 봉사하게 되었다. 한국전쟁 때는 고아들을 데리고 마산으로, 거제도로 전전했으며, 거제도에 있을 때는 세브란스 구호병원의 도움을 받아 영아들을 돌보다가 대전 고아원으로 다시 돌아오게 되었다. 후에 감리교 라애시덕 선교사가 설립한 대전기독교 사회관에서 육아원을 맡았다. 그곳 원장을 지내고 있는 동안에 강 장로가 시무하던 교회 장로가 상처하자, 50여 년 전에 결혼하였다. 첫 십여 년간은 육아원장으로 가정주부로 수고하며 가족들을 돌보다가 이십여 년 전 영감이 세상을 떠나자, 집 한 칸을 가지고 독립하였다. 십여 년간 그 집에서 살다가 그 집도 교회에 바쳐 버리고 이제는 셋집에서 사는데 하나님은 지금도 낙원으로 그녀를 불러주시지 않는다고 원망하고 있다.

"죽는다는 것은 새로운 세상으로 옮긴다는 뜻인데 하나님이 하시는 일을 누가 도울 수 있겠소. 새 세상으로 옮기는 진통은 누가 대신할 수 없을 것 같아요. 여기서 '더 이상 해 드릴 수 없어 미안합니다.' 하고 끝내야지."

아내도 긍정했다. 그러면서 말했다.

"우리는 감사해요."

"뭐가요?"

"우리도 몇 년 사이에 당할 진통인데 지금 우리가 이렇게 함께 차 안에 있는 것만도 하나님께 '감사합니다.'라고 말해야 할 것 같아요."

"미안해할 때 우리의 잘못은 용서받고 감사해 할 때 우리에게 행복이 온다지 않아요?"

강 장로 내외는 다시 새 힘을 얻고 집으로 돌아가고 있었다.

불순종한 미리암

교회 장로직을 은퇴한 김 장로는 오늘도 교회에서 설교를 진지하게 듣고 나서, 그 설교 내용을 어떻게 삶에 적용할 것인지를 생각했다. 그냥 한쪽 귀로 듣고 다른 귀로 흘려버려야 할까 고민하다가 그래서는 안 된다고 생각한다. 설교는 인간인 목사가 했지만, 하나님의 말씀으로 생각하고, 한 마디도 땅에 떨어지지 않게 받아들여 생명의 양식으로 삼아야 할 것이었다. 그런데 마귀의 장난인지 신앙이 약해져서인지 그렇게 되지 않아 속상했다.

오늘 설교는 '불순종한 미리암'이라는 주제로 민수기 12장에 있는 본문을 들어 미리암과 아론이 모세를 비방했기 때문에 하나님이 진노하여 미리암은 나병에 걸려 눈과 같이 희게 되고, 살이 반이나 썩어 모태에서 죽어서 나온 자와 같이 되었다는 내용으로 영적 지도자를 비난하면 이와 같이 된다는 내용이었다.

미리암이 누구인가? 애급의 왕이 이스라엘 백성들이 아이를 낳으면 아들이거든 나일 강에 던지고, 딸이면 살려 두라는 명령을 어기고 석 달 동안이나 어린 아들 모세를 숨겨두고 보살폈던 누님이다. 그녀는 모세보다는 15~16세는 더 되었다고 생각한다. 더 이상 숨겨 가면서 기를 수 없어서 역청을 바른 갈대 상자 안에 아이를 넣고 나일 강에 띄워 보내고, 절기의 풍습을 따라 나일 강에서 목욕을 하던 공주가 아기를 발견할 때까지 숨어서 지켜보았던 모세의 누님이었다. 바로 왕의 공주가 목욕하다가 이를 발견했을 때, 유모를 찾아 드려도 되겠냐고 찾아가 묻고 아이를 집에 데려와 기른 뒤 애급 궁전에 보내어 애급의 왕자로 40년간 살게 했던 생명의 은인이기도 하다. 또 모세가 80세에 이스라엘 노예들을 데리고 지팡이로 홍해를 가르는 기적을 행한 뒤 추적해 온 바로의 병거와 마병馬兵을 홍해에 수장하고, 광야와 마주 섰을 때, 손에 소고를 잡고 모든 이스라엘 여인들과 함께 춤추며 여호와를 찬양했던 선지자이기도 하다. 모세는 이스라엘 백성과 함께 노역하며 살아오지 않았기 때문에 이스라엘 언약공동체의 지도자로 바로 나서기가 힘들었겠지만, 하나님은 그를 택해 이스라엘의 지도자로 삼고 많은 이적으로 노예로 살던 이스라엘 백성들을 애급에서 해방시켜 가나안 복지로 인도하는 지도자로 삼으셨다. 그때 미리암과 아론은 그를 뒤에서 도운, 숨은 조력자이기도 했다. 그런데 모세가 이방 구스 여자를 취한 것 때문에 미리암과 아론이 모세를 비방하자, 하나님께서 진노하시어 미리암에게 나병이 걸리게 했다. 혹 미리암과 아론은 모세가 하나님께서 금한 이방 여자를 취했기 때문에 지도자로서 신임을 잃지 않을까 걱정되어 간諫한 말이 아닐지 생각해볼 만한 본문이다. 그러나 목사는 영적 지도자를 비방했으니 나병이 생겼다고 경고용 설교를 했다.

그런데 이 교회는 지금 그렇게 결론을 내려 설교할 때가 아니었다. 이 목사는 수년간 설교를 표절해 왔다는 비방을 받고 있는 중이었다. 그래서 교인들이 목사 지지파와 반대파로 갈려 있는 상황이었다. 그렇다면 이 설교 내용은 누구를 향한 화살인지 자명한 것이었다. 강대상에서 설교할 수 있다는 권위만으로 하나님의 말씀을 자기방어의 도구로 써서는 안 된다고 김 장로는 생각했다.

설교란 무엇인가? 목사가 늘 주장한 대로 하나님의 말씀의 선포이다. 성도로 하여금 하나님의 말씀을 듣게 하고, 그들이 죄악 된 길에서 돌아서 하나님의 말씀에 순종하도록 결단하게 하고, 성령의 능력으로 그들을 새 사람으로 변화시킬 수 있는 힘을 주로부터 받아서 듣는 자들을 변화시키도록 해야 한다. 그리고 청중들이 말씀으로부터 받은 권능으로 또 세상에 나가서 다른 사람들을 변화시켜 하나님의 나라를 확장하도록 해야 한다. 이것이 김 장로가 오랜 교회생활에서 깨달은 것이었다. 하나님의 말씀은 바르게 이해되어 바르게 전달되어야 한다. 하나님은 미리암과 모세를 견책하기 전에 "이 사람 모세는 온유함이 지면의 모든 사람보다 더하더라.(민 12:3)"란 말을 덧붙이고 있다. 하나님은 미리암을 응징하셨다. 그러나 그것은 하나님께서 그렇게 하신 것이고, 모세는 자기를 도와 지금의 지도자가 되게 음으로 양으로 수고한 누님 미리암에게 내린 응징을 안타깝게 생각했다. 그래서 살이 반이나 썩어 모태에서부터 죽어서 나온 자와 같이 된 누님을 고쳐 달라고 하나님께 간구하였다. 일주일 후에는 문둥병이 미리암에게서 떠났으며, 그동안 광야에서 군대의 이동도 일주일을 기다렸다가 하세롯에서 바란 광야로 떠났다.

목자는 기르는 양을 향해 측은한 마음이 있어야 한다. 목자는 양들을 푸른 목초지로 인도하고 길 잃은 양들에게 방향을 제시하고, 집어삼키려는 이리와 사자의 입에서 그들을 건져내고, 피곤해서 걸을 수 없는 양은 어깨에 메고 가는 그런 보살핌을 주는 분이 목자다.

이 교회 목사는 재미있는 이야기꾼이긴 했으나 성령의 능력과 감동이 없었다. 그러더니 한두 사람의 입에서 인터넷 어디선가 올라 있는 설교 내용을 표절하고 있다는 말이 나왔다. 드디어 몇몇 장로들이 팀을 이루어 표절 여부를 가리기 위해 설교 내용을 검증하기 시작했다. 그 결과 6년간 백여 건의 설교가 표절이라는 증거를 찾아냈다. 그런데 목사는 자기가 주보에 설교 요약을 썼는데 그것이 어떤 목사와 신학 교수의 글과 같았던 것은 인정하지만, 그대로 설교한 것이 아니기 때문에 표절이 아니라는 것이었다.

교인은 두 파로 갈렸는데 목사 지지파는 설교에 표절이 무슨 상관이냐고 고성을 높였다. 그동안 표절인 줄도 모르고 재미있게 잘 듣고 은혜받았다고 '아멘'하고 나서 무슨 말이냐, 남이 겪은 예화도 인용할 수 있으며, 새로운 각도에서 설교하고 그 설교로 은혜받을 수 있다는 것이었다. 매주 어떻게 새로운 설교를 할 수 있는가, 목사는 맡은 업무량이 많아 그의 스트레스도 이해해 주어야 한다고 주장했다.

또 한편에서는 출처를 대지 않고 인용하는 것은 표절이며, 목사의 도덕성에 관한 문제라고 소리를 높이고, 영성이 없는 목사는 몇 달 동안 설교하지 말고 근신하고 회개해야 한다고 주장했다. 몇 달 동안 기도원에 들어가 근신하고 회개한 뒤 돌아오면 왜 안 되는가? 미국의 어떤 교회 목사는 사냥을 좋아해서 사냥을 나갔다가 사람을 죽인 일이 있다. 그는 교회에 사표를 내고 떠나겠다고 했는데 이런 목사를 어디서 받아주겠느냐면서 자기 교회가 아니면 품어 줄 사람이 없다고 목사를 용서하여 훌륭한 목사가 되게 했다는데, 왜 이 교회의 목사는 잘못을 인정하고 품어 주는 교인들의 품으로 돌아올 수 없느냐고 맞섰다.

그러자 반대편에서는 이번에 굽히면 평신도에게 목사의 권위를 잃은 것이 되어 목회할 수 없다고 극구 반대하였다. 이런 상황에서 '불순종한 미리암'이라는 설교가 나온 것이다. 교회는 겉으로는 평온했지만, 속으로는 영적인 병에 시달려 치유가 필요했다. 냉랭한 기류가 새로 온 사람들에게 느껴지게 되었다.

김 장로는 사회를 바로잡아야 할 교회가 이게 무슨 짓이냐고 가슴을 쳤다. 답답한 나머지 불신자인 친구에게 하소연했더니 하나님이 권위에 맞서 비난하는 사람을 바로바로 벌준다면 그런 하나님은 자기도 믿고 싶다고 했다.

"요즘 대통령을 비난하는 사람들이 너무 많다. 나라는 지켜야겠고 경제 발전은 시켜야겠는데 데모는 심하고, 어디 대통령 해먹겠어? 비난하는 사람들 다 미리암처럼 하나님이 벌주시면 좋겠구먼."

친구는 이렇게 말하는 것이었다.

김 장로는 친구의 이야기를 듣고 갑자기 교회가 세상 닮아가고 있다는 생각을 하게 되었다. 세상은 뛰어난 지도자를 중심으로 뭉쳐서 세력을 형성하고 자기가 원하는 것을 얻으려고 노력하고 있다. 여당은 누군가가 대통령을 비난하면 벌떼처럼 일어나 반대한다. 야당은 자기 당의 지도자 중심으로 세력을 형성할 뿐 옳은 것, 바른 것은 실종되어 없어져 버렸다. 지금까지 있던 당과 정당정책도 헌신짝처럼 버리고 당명을 바꾸고, 지도자 중심으로 새로운 세력을 형성해서 자기 유익을 구한다.

교회도 마찬가지다. 목사가 지도자가 되고 나면, 깊이 말씀을 상고하고 그리스도의 제자가 되는 일은 뒷전이다. 옛날 고린도 교회에서도 '나는 바울에게, 나는 아볼로에게, 나는 게바에게, 나는 그리스도에게 속한 자'라고 서로 다툰 일이 있다. 김 장로는 자기는 누구 파일까를 생각했다. 자기는 목사파도 아니고, 목사 반대파도 아니며, 가장 공정한 그리스도파라고 주장하고 싶었다. 그러나 그것도 교회를 가르는 파당에 불과하며 그리스도의 몸인 교회가 하나 되는 것을 방해하는 짓이라는 생각이 들었다.

예배가 끝나고 식당으로 내려가는데 빈정대기 좋아하는 한 집사가 그의 귀에 대고 말했다.

"우리 교회 나병에 걸릴 사람 많겠지요?"

"그래, 나도 걸린 것 같아."

"예?"

그는 깜짝 놀라 되물었다.

"말씀을 한 귀로 듣고 한 귀로 흘린다든가, 설교에 부족한 점을 첨가한다든가, '나도 그보다 나은 설교를 할 수 있겠다.'라고 목사를 무시하면, '나도 선지자'라고 자기 의를 내세운 미리암보다 나을 것도 없지 않아? 안 그래?"

"정말 하나님께서 나병을 주실까요?"

"주시겠지. 그리고 하나님께 고쳐 달라고 간구하는 온유한 지도자가 없으면 죽을 거야."

성경공부와 경옥고

내가 주일학교 성경공부를 맡았던 때부터 나의 성경공부 교사 경력을 따지면 50년이 넘는다. 처음에는 성경의 말씀을 잘 알지도 못하면서 어린 학생들에게 성경을 가르친다고 뽐내며 교사 노릇을 하였다. 그러다가 대학에 들어와서는 내가 가르치는 대학생들을 상대로 일주일에 한 번씩 내 방에서 그들을 모아 찬양하고, 성경을 읽고, 말하고 들으며 기독교 분위기를 느끼는 일들을 했다. 처음에는 학생들이 자기들의 수학 실력을 너무 잘 아는 교수와 성경공부를 한다는 것을 부끄럽게 생각했지만, 오히려 나와 사귀면서 더 공부를 잘해야겠다는 생각으로 성적이 많이 좋아지기도 했고, 또 학교를 떠난 뒤로도 그때 감사했다는 편지를 보내온 학생도 있었다. 대학교수 동료들과도 성경공부를 했다. 처음 1970년대 승용차가 많지 않아 학교 버스로 통근할 때는 수업 전 '다락방'으로 기도회를 했지만, 점차 자가용이 많아지면서부터는 교수들의 '다락방 기도회'가 없어졌기 때문에 일주일에 한 번씩 희망하는 교수가 모여 '다락방 기도회'를 시작한 것이다. 그러다가 매주 한 사람씩 성경을 읽고 깨달은 것을 간증하고, 서로 그에 대해 문답한 뒤 기도하고 마치는 형태로 진전되었다. 목사님을 지도자로 모셔 와서 성경을 배우는 것이 아니고, '이것이 그러한가?' 하고 성경을 읽다가 스스로 깨달은 것을 이야기하고 삶을 나누는 그런 방식이었다. 그리고는 연말에는 이 내용들을 책으로 만들어 『삶으로 나타나는 신앙』이라는 소책자를 발행하여 교수들에게 나누어 주기도 했다.

교회에서의 성경공부는 제도에 매인 것이 되어 좀 의무적인 것이 되었다. 1990년 초가 되자, 교회 교인의 분포는 가까운 지역에 한정되지 않고 먼 거리에서 참석하는 사람도 많아졌다. 따라서 유치부도 프로그램만 좋으면 먼 거리에서도 어른들이 자녀를 데려와서 교회학교에 맡기고 예배가 끝나면 같이 귀가하는 일이 늘어났다. 그러나 밤 예배에는 참석하는 사람이 거의 없었다. 따라서 주일 밤 예배를 오후 2시에 당겨 드리기로 했는데(말도 안 된다고 반대하는 교인도 많았다.) 12시에 대 예배가 끝난 뒤 2시까지 공백이 생겼다. 그래서 예배 후 점심을 교회에서 준비하고 그 뒤는 전 교인 성경공부를 하기로 했다. 그런데 제직회나 각부서 모임 등으로 공부를 빠지는 사람이 많아 첫째, 셋째 주는 제직회와 각 기관모임을 집중적으로 하기로 하고 둘째, 넷째 주만

성경공부를 했다. 따라서 성경공부는 교인들을 붙들어 놓는 대타 역할이어서 자기 일이 있으면 빠지고 없으면 참석하는 꼴이었다. 그것도 한 주 걸러 공부하는 것이어서 연속성이 없었다. 그러나 해가 갈수록 반은 늘어서 장년 1, 2, 3, 4, 청년, 교사, 새가족, 새가족양육반 등으로 나뉘다가 결국 '헤쳐모여'를 몇 번 한 결과 새가족확신, 새가족양육, 핵심성경공부, 구약성경맥잡기, 신약성경맥잡기, 성경책별연구, 그리고 65세이상경로반 등으로 나뉘었지만, 결국 다음 예배 대기를 위한 성경공부의 성격을 벗어나지 못했다.

성경공부가 본질에서 벗어나게 된 이유는 지도자의 부족도 있었다. 신·구약성경맥잡기란 신·구약을 망라한 것이어서 어떤 신

학자도 감히 이 공부를 인도하겠다고 나서기 어려운 분야였는데 전문성이 없는 평신도가 인도해서 핵심을 찌른 공부가 될 수 없었다. 교인들을 위한 성경공부란 신학 공부를 시키는 일은 더더욱 아니었다. 구원의 확신이 없는 자들에게는 구원이 무엇인지 말씀에 입각하여 바른 신앙을 갖게 하고 또 구원받은 자들에게는 하나님의 자녀로 어떻게 증인의 삶을 살 것인지 말씀을 통해 주께 가까워지는, 자기 삶을 조명해 보는 훈련이 되었으면 좋겠는데 그러지를 못했다. 나는 성경책별연구반이라는 것을 맡아 2015년 말까지 인도하다 은퇴하였다. 그러나 나는 그동안 성경공부를 인도하면서 늘 죄책감을 느끼고 있었다. 책별 연구이기 때문에 요한복음(주상윤), 누가복음(ESF), 갈라디아서(IVP), 데살로니가전·후서(옥한흠), 히브리서(IVP), 요한계시록(총회유사기독교연구위원회) 등을 취급했는데 말씀 내용의 어려운 것은 저자의 주석을 읽고, 또 우리 의견을 통해 토의하며, 자기 생각을 내려놓고 주님의 생각을 이해하려고 노력하는 그런 과정의 공부였다. 그런데 반원들은 식당 봉사, 각 선교부 모임, 또 자기가 속한 부서의 책임들 때문에 늘 빠져서 어떤 때는 인원이 서너 명밖에 되지 않아 맥이 빠지고, 공부를 인도하는 기쁨을 잊을 때가 많았다. 그러다가 2015년 말에는 내 집이 교회에서 승용차로 50분 거리에 있었고, 나이가 많아 힘들다는 이유로 은퇴하고 나니, 하나님과 그래도 열심이었던 몇몇 교인들에게 너무 죄송하였다. 성경에 매혹된 제자들을 기르지 못한 것이 더욱 죄송스러웠다.

이번 10월 9일 한글날에 성경공부 반원이었던 박 집사가 우리 집을 좀 방문해도 되느냐고 전화를 해왔다. 부부 둘이 사는 작은 방이었지만, 청소한다고 해도 눈이 좋지 않아 젊은 사람들에게는 구석구석 먼지가 보인다고 아내는 가정방문은 사양해 오던 터였다. 박 집사는 내 성경공부반 소집책으로 오랫동안 수고를 한 분이어서 허락하였다. 남편이 믿지 않아 늘 속상해하고 나에게 상담도 해오곤 했던 사람인데 남편과 같이 방문하겠다고 해서 부부가 같이 믿는 가정의 모습을 그녀의 남편에게 보여주고 싶어 하는 것 같아 허락한 것이다. 가끔 명절에는 과일도 사 오고 경옥고도 갖다 주었던 사람이었다. 방문 전에 찾아올 때는 뭘 사오는 것은 사양한다고 말했더니 알겠다고 말하며 집을 찾아왔다. 차를 마시면서 이것저것 우리 가정 이야기를 묻고, 또 자기 가정사며, 애들 결혼과 대학 진학문제 등을 이야기하며, 우리처럼 장로 권사로 건강하게 교회를 섬기는 모습이 부럽다고 말하며 떠나갔다. 가면서 작은 꾸러미 하나를 주었는데 오다가 잣을 좀 샀다고 말했다. 우리는 입이 둘뿐이어서 무얼 많이 먹을 수가 없다고 말하며, 지난해에도 우리에게 갖다 준 경옥고를 지금까지도 다 먹지 못하고 있다고 말했더니 좀 당황한 표정이었다. 떠난 뒤 꾸러미에는 경옥고가 또 한 단지 들어있었다. 사실 나는 지난해에 받은 경옥고를 포장도 뜯지 않은 채로 냉장고에 넣어둔 상태였다. 나는 지금까지 경옥고가 얼마나 귀한 약재인지를 모르고 있어서 밤에 인터넷을 뒤져 경옥고를 찾아봤다. 그랬더니 허준의 『동의보감』은 몸을 보하는 보약부터 시작되는데 『동의보감』의 첫 번째 처방이 경옥고라는 것이었다. 늙은이를 젊게 하며, 온갖 병을 낫게 해 주며, 전신을 좋게 하고, 오장을 충실케 하며, 흰 머리를 검게 하고, 힘이 넘쳐 말처럼 뛰어다니게 한다. 만성피로, 허약체질, 위장기능 저하에 효과가 있으며 당뇨병, 변비, 마른기침 치료제로도 특효가 있다. 밥을 안 먹어도 배고프지 않게 하는 명약 중의 명약이라고 씌어 있었다. 더욱 놀란 것은 그 값인데 1.2kg 단지가 40만 원, 700g은 25만 원이었다.

다음 주 교회에서 박 집사를 만나 너무 고마웠다고 말하며 그렇게 고가의 약을 왜 가져 왔느냐고 김영란법에 걸리고 싶냐고 말했더니, 자기가 무슨 대가성 뇌물을 줄 만한 이유가 있느냐고 물었다. 그러면서 전에 요한계시록 공부를 했는데 최후의 심판 때는 신자와 불신자가 다 부활하여 크고 흰 보좌 앞에 서는데 그때 마지막으로 하나님께서 믿지 않고 죽은 사람에게도 천국에 갈 수 있는 기회가 주는 것이냐고 물었다. 박 집사는 교회를 안 나오는, 그러나 선한 남편이 너무 걱정된 모양이었다.

사람은 누구나 죽은 뒤 어떻게 될 것인가 하는 것이 궁금하다. 성경공부 시간에 배포했던 무디성경학교의 죽음과 부활에 관한 차트가 생각난 모양이었다. 믿는 자는 죽으면 영은 낙원으로 가고, 육신은 무덤으로 가며, 불신자는 영은 스올로 가고 육신은 무덤으로 간다. 우리가 살이 있는 동안 주께서 재림하면 신자는 구름 속으로 끌어 올려간다(휴거). 그러나 죽은 신자의 몸도 부활하여 구름 속으로 끌어올림을 받는다(첫째 부활). 사탄을 무저갱無底坑에 넣어 잠그고 천 년 동안 인봉하는데 그 뒤 잠시 놓아 사탄이 전쟁을 일으키나, 하늘에서 내린 불로 사탄을 태워 버리고 그들을 불과 유황 못에 던져 버린다. 그런 뒤에 크고 흰 보좌에 앉으신 분이 마지막 심판을 하는데 이때 살아 있는 불신자와 죽은 불신자들이 다 부활하여(제2의 부활) 보좌 앞에 서고, 그들은 자기 행위를 따라 생명책에 기록된 대로 심판을 받는다는 내용이었다.

"박 집사님, 남편은 '생명책'에 이름이 기록된다고 믿으십시오. 생명책에 기록된 사람은 지옥 불에 떨어지지 않습니다. 잃은 양 하나를 아끼시는 주님께서 사랑하는 남편을 그냥 두시겠습니까?"

나는 말하였다.

"이 계시록은 로마제국에 의해 핍박 받고 있는 기독교인을 걱정하는 요한에게 하나님께서 지금은 '지상의 도성'과 '하나님의 도성'이 대결하고 있음을 말하고, 사탄과 인간의 욕심으로 인해 부패의 나락에 빠져가고 있는 '지상의 도성'을 종말에는 주께서 심판하고, 그리스도가 세상의 주권자로 통치하는 새로운 천년

왕국 시대가 열린다고 알려주는 하나님의 큰 그림입니다. 그림을 그림으로 받아드려야지 왜 사사로운 일과 연관하여 괴로워합니까? 학대받는 신자들에게 주는 이 소망의 그림은 믿는 자들을 두렵게 하거나 괴롭게 하는 것이 아니고, 우리에게 소망을 주는 하나님의 계시입니다."

나는 이렇게 덧붙이고 싶었다.

헛된 꿈

오랜만에 외출도 별로 좋아하지 않던 아내가 얼굴이 밝아지고 기분이 들떴다. 친구가 자기를 만나러 온다고 했기 때문이다. 친구라야 이제는 다 떠나버리고 몇 남지 않았다. 가장 가까이서 오래 사귀었던 이는 나보다 먼저 결혼하고 58년 전 나와 아내의 결혼을 주선하느라 무척 애썼던 친군데 오래전에 세상을 떴다. 다음은 광주 제중병원의 의사로 있던 친구로 한국에 있을 때는 신세도 많이 졌는데 미국으로 떠난 지 오래되어 연락이 끊어졌다. 다음이 미국의 산타바바라Santa Babara에 있는 친구로 언제 미국에 오느냐, 또 자기 집에는 언제 들릴 것이냐고 한번 전화기를 들면 한 시간 가까이 국제전화를 하던 이로 작년에 세상을 떴다. 치매기가 있어 남편이 돌아가셨는데 까맣게 잊어버리고 지내다가 갑자기 정신이 돌아오면 "니 아빠 돌아가셨지?" 하고 딸에게 말하며 울곤 했다는 친구다. 하루는 한밤중에 카톡이

와서 열어 보았더니 한국어가 서툰 그 집 딸이 '엄마 죽었어.'라고 찍어 보낸 것이다. 요즘은 미국보다 한국이 훌륭한 요양병원이 많다고 아무리 설득해도 미국에 오래 정착해 있어 오지를 않더니 떠나버린 것이다. 미국까지 문상도 못 가고 조위금만 보냈더니 장례식 사진과 자기 어머니 여학교 때 추억의 사진을 보내왔는데 아내 모습도 거기에 있었다.

그렇게 친구들이 다 떠나가고 있다. 그런데 이번 친구는 초등학교 때부터 같이 학교에 다니던 오랜 친구인데 미국 뉴저지 주에 살고 있다가 아들이 한국에서 목회하게 되자, 아들 따라 아주 한국에 정착하러 온 것이다. 8년 전에는 한국에 들르러 와서 함께 다녔다는 옛 초등학교며 군청소재지 등을 둘러보고, 아내는 그녀와 전라남도 장흥에서 하룻밤 내내 이야기를 하며 지냈었다. 또 그 전엔 속리산의 호텔을 빌려 하루를 지내며 회포를 푼 적이 있다. 그런데 이번에 또 만나러 온다니 그렇게 기분이 좋은 것이다.

하긴 80대 중반에 든 할머니들이 언제 기회가 있어 이렇게 만나서 즐거운 시간을 가질 수 있겠는가? 그런데 날씨가 변덕이 심하고, 또 지난 장기 가뭄 때부터 기상청의 일기예보를 믿을 수 없게 되어 단풍이 곱게 물들 것인지, 그때 날씨는 좋을 것인지 여간 걱정이 되지 않았다. 장기예보는 믿을 수 없다 하더라도 2주 전부터 10월 27일의 일기예보에는 그날 비가 온다고 했다가 다음날은 흐리기만 한다고 했는데 또 다음날은 날씨가 말짱하다고 했다. 그래서 속리산호텔에 두 방을 예약하였다. 하나는 두 할머니의 채팅방, 그리고 하나는 내가 묵는 기사방이다.

10여 년 전에는 아내나 친구가 다 건강이 좋아서 내가 그들을 데려다주자, 그곳에서 하룻밤을 같이 지내고 귀갓길에는 버스로 왔다. 그러나 이번은 친구도 큰 수술을 해서 회복이 되었다지만 3개월마다 다시 검진하게 되어 무리한 여행을 하게 할 수가 없었다. 그래서 기사인 내 방도 따로 예약한 것이다. 다음날 서울로 귀가해야 한다고 해서 대전에서 서울역으로 가는 KTX 표도 예매했다. 금요일이 되어 상경하는 사람이 많아 세 시 반 이후는 다 매진되고 없었다. 여행 전날에는 자동차 가스도 채우고 세차도 하였다. 그녀는 자녀들이 고급 차로 모신다는데 허름한 차를 세차까지 안 할 수가 없었다. 그런데 떠나기 전날 밤 전화가 왔다. 올 수 없다는 것이다. 당일 날씨도 흐릴 뿐 아니라 다음날은 비가 온다니 애들이 걱정한다는 것이었다. 작은 꿈과 계획이었지만 와르르 무너지는 느낌이었다. 예약을 하나하나 취소하는 중이었는데 아내는 자기의 실망보다 나에게 더 미안한 모양이었다.

"차라리 잘 된 것 같아요. 날씨도 불안하고 또 단풍이 예쁠지 자신도 없고⋯. 나는 안 좋은 계획이면 막아주시라고 하나님께 기도했었어요."

'좋은 날씨 허락해 주세요. 단풍이 잘 들게 해 주세요. 친구가 오는 데 어려움이 없게 해주세요.' 그리고 나서는 '하나님의 뜻이 아니면 막아주세요.' 그것이 무슨 기도일까 싶었지만, 아내의 기도는 언제나 그랬었다.

"크거나 작거나 세상사는 언제나 헛되고 헛된 것이잖아? 하나님이 얼굴을 돌리시면 도미노 놀이의 나무 조각처럼 무너지고 새로 시작해야 해."

"꿈을 쌓는 순간은 행복한데 무너지고 나서는 무엇이 남지요?"

"서로 사랑했던 추억의 순간만 남는 것이 아닐까?"

약속한 당일 우리는 호텔예약을 취소했지만, 칼을 뽑았던 용사처럼 둘이서 속리산을 향해 떠났다. 정이품 소나무와 속리산 국립공원 사무소로부터 호텔 입구까지는 그래도 노란 단풍이 잘 물들어 줄지어 있었고, 관광객도 꽤 많이 있었다. 호텔의 '함지박' 식당에서 옛날을 추억하며 '함지박 한정식'을 주문했다. 메뉴도 하나뿐이다. 아내는 모든 것이 만족하지 않다. 호텔도 노후했고, 메뉴도 마음에 들지 않으며, 단풍도 시원찮아 이제 다시는 오지 않겠다고 한다. 몇 년 뒤는 오고 싶어도 못 올지도 모른다. 그러나 나는 노란 단풍을 유리창 너머로 내다본다.

파랗게 생겼던 나무들이 노랗게 변하는 것은 낮이 짧아지고 추워지면, 나뭇잎과 줄기 사이에 '떨겨층'이라고 코르크같이 단

단한 세포층이 생겨 줄기와 나뭇잎 사이에 영양분의 통로가 막힌다고 한다. 이것은 나무가 뿌리로부터 빨아올린 수분이, 잎의 엽록소에서 광합성을 하는 동안 공중으로 많이 분산되는 것을 막기 위해서라고 한다. 결국, 잎은 나무를 살리기 위해 자기가 빨아들일 영양분을 스스로 막고 새파랗던 엽록소가 분해되고, 대신 분해 속도가 늦은 카로티노이드carotinoid가 노란색을 보이다가 땅에 떨어져 죽어간다는 것이다. 그것이 가을의 단풍이다. 결국, 가을은 인간의 노년기이다.

어떤 이들은 자기가 죽을 때가 되어 병원에 눕게 되면 스스로

곡기를 끊고 죽음을 기다린다고 한다. 자기의 추한 마지막을 보이지 않기 위해 헤밍웨이처럼 스스로에게 총을 쏘아 죽을 수도 있다. 그러나 이것은 하나님의 뜻에 반하는 일이다. 하나님의 뜻대로 살겠다고 자기를 드렸으면, 그분이 부르시는 것을 기다려야 한다. 우리는 하나님의 형상대로 만들어진 하나님의 자화상이며 그 몸의 일부이다. 나는 그분의 아들이다. 아들처럼 살려고 애쓰다가 결국은 포기하고 아들처럼 여겨달라고 구걸하며 하나님 곁으로 갈 필요가 없다. 하나님은 우리를 항상 아들로 사랑하신다. 하나님 곁에서 사랑받고 살다가, 어느 날 부르시면 새벽 기도하러 일어나다가 뇌졸중으로 쓰러져 죽은 어떤 권사처럼 주님 곁으로 가야 한다.

나는 친구의 대타로 아내와 함께 하나님이 만들고 좋아하신 가을을 즐기다가 돌아왔다. 다시 이곳에 오지 못할지도 모른다. 그러나 하나님께서 맺어준 아내와 사랑하고 하나님의 사랑 안에 지내고 있으면 그것으로 하나님은 아들의 삶을 보시며 만족하시리라 생각하면서.

카톡 공해

핸드폰을 쓰면서 가장 많이 신경이 쓰이는 것이 카톡이다. 요즘은 시도 때도 없이 '카톡, 카톡' 하고 울리는데 안 켜 볼 수가 없다. 거의 대부분은 친구들이나 가족들에게서 오는 것이기 때문이다. 이것은 사람을 생각하는 갈대로 만드는 것이 아니라 멍청한 노예나 바보를 만드는 것이라고 나는 생각한다. '또 카톡이야?'라고 처음에는 짜증이 나지만 계속 열어 보고 있으면 그 내용에 세뇌되기 시작한다. 나는 노인이라 보수적인 노인들의 카톡을 많이 받게 된다. 그런데 그들은 어디서 그렇게 유식한 말을 많이 듣는지 각종 가십들을 물고 온다. 자기들의 소식이 아니라 다른 사람들이 보내온 내용들을 전달하는 것이다. 박정희 대통령이 얼마나 위대한 분이었나 하는 일화들, 퍼주기를 좋아하던 김대중 대통령이 얼마나 많은 돈을 차명계좌에 넣어놓고 있는가 하는 일화들, 종북從北세력들의 음모들…. 그런가 하면 선교사들의 설교와 간증의 유튜브, 각종 암을 어떻게 예방할 수 있는가 하는 건강 소식들, 흘러간 영화 주제가의 유튜브 등, 오락과 만화, 게임방의 초대 등에는 '삭제'나 '나가기'를 해버리면 그만이다. 그러나 거절할 수 없는 친구에게서 온 것은 어쩔 수가 없다. 미안해서 간단한 회신을 하면 '카톡, 카톡' 하고 계속 보내온다.

핸드폰이 문명의 이기이기는 하지만 쓸데없는 데 정력을 낭비하고 인간의 이성을 마비시키는 기계임이 틀림없다. 요즘 젊은이들이 길거리를 걸어가며 이어폰을 끼고 유튜브를 즐기고 자기만의 세계에 몰입하고 있는 것을 보면, 이건 현대판 우민화愚民化 도구가 아닌가 하는 생각이 든다. 일제강점기에는 일본 사람이 한국 사람을 바보로 만들어야 다스리기 쉬웠기 때문에 한국 사람이 교육을 받는 것을 방해했다. 그래서 해방 직후 우리 국민들의 문맹률은 90%였다. 그런데 지금은 교육열이 높아 문맹률은 1%라고 한다. 그러나 글을 쓸 줄 안다고 우민이 아니라는 법은 없다. 올바른 가치관을 가지고 자기의 뜻을 제대로 외치고 세상을 바로잡아보겠다는 꿈을 잃은 사람은 현대판 우민이다. 1970년대 TV를 '멍청이 상자idiot box'라고 했다. TV에서 오락물이나 연속극만 즐겨 보고 있으면, 머리가 텅 빈 멍청이가 되기 때문이다. 따라서 당시 TV는 우민화 장치였다. 제5공화국 때는 쿠데타로 정권을 잡고 국민들을 살해한 범죄를 잊게 하기 위해 우민화 정책을 쓴 일이 있다. 볼거리, 먹을거리에 관심을 돌리기 위해 아시안게임, 프로야구, 프로축구, 프로씨름, 농구잔치 등 스포츠를 활성화하고 1982년에는 야간 통행금지를 해제하고 문란한 행위를 눈감아 주는 등 소위 3Ssports, Sex, Screen정책을 펴기도 했다. 대학생들에게는 독서회나 토론회 등을 금지하고 되도록 야외에서 통기타치고 노는 것을 장려했다. 우리는 이렇게 우민화에 익숙해진 국민이다.

그런데 지금은 핸드폰으로 우리가 우민이 되어가고 있다는 생각을 한다. 책 읽기가 싫다. 생각하기가 싫다. 글쓰기가 싫다. 암산하고 기억하고 하는 것이 싫다. 일기를 쓰기 싫다. 왜 그런 짓을 해야 하는가? 골치 아프게 읽고 생각할 필요가 없다. 모른 것은 인터넷검색을 해보면 된다. 필요한 것은 핸드폰에 사진을 찍어 저장해 두면 된다. 매월 스케줄도 플래너planner에 기억해 두면 알려 준다.

이것이 문제다. 이것이 우리를 바보로 만드는 길이다. 이제는 3S 시대가 아니고 4Ssports, Sex, Screen, SNS 시대가 되었다. 핸드폰이 나는 누구이며, 어디서 와서 어디로 갈 것인지도 가르쳐 줄 것이라고 믿는다.

그런데 진짜 문제는 핸드폰이 아니고 나 자신이다. 막 잠이 들려는데 머리맡에 놓은 핸드폰에서 '카톡, 카톡' 하고 소리가 나면 짜증이 나지만 핸드폰을 켜고 내용을 살펴본다. 혹 여행을 하는 자녀들에게서 무슨 소식이 왔을지도 모른다는 생각에서다. 나는 가족들과는 '그룹 채팅'을 하는데 미국에 세 군데나 흩어져 있는 애들과 소식을 전할 때는 아무래도 그룹 채팅이 유익하다. 그들은 형제들의 가정에 무슨 애경사가 있는지 모르고 지낸다. 조카들의 생일이 언제인지, 입학식, 졸업식은 언제인지 서로 모르기도 하고 또 바빠서 자주 잊고 지낼 때가 많다. 그래서 그들 가정을 초청하여 그룹 채팅을 하면서 내가 어느 한 가정의 애경사를 올려놓고 일깨워 주면 서로 기뻐하고 걱정하며 기도도 하고 교제를 하게 된다. 그렇다면 나는 핸드폰이 나를 바보를 만드는 현대판 바보상자라는 것을 믿고 있는 것일까? 나는 핸드폰을 아예 없애거나 불요불급한 것이라고 생각하고, 쓰더라도 멀리 두어야 한다고 자신에게 타이른다.

아내는 내가 자러 들어가면 밤중에 일어나서 서성이지 않게 하기 위해 꼭 말한다.

"당신 핸드폰 안 가지고 들어가요?"

그럼 나는 놀라서 핸드폰을 챙겨서 머리맡에 놓고 잔다. 미국과 한국은 시차가 있어 한밤중에 '카톡, 카톡' 하는데도 말이다.

쇼핑의 마력

　여자들은 스트레스가 쌓이면 백화점에 가서 쇼핑한다고 한다. 그것은 돈 많은 부자의 이야기고, 돈이 없는 사람은 백화점에 가면 더 스트레스가 쌓일 것 같다. 나는 쇼핑을 좋아하지 않는다. 그러나 아내가 운전하지 않기 때문에 자연스럽게 아내의 쇼핑에 따라나설 수밖에 없다. 아내가 백화점이나 시장까지 가는 데는 내가 필요하겠지만, 매장을 둘러보는 동안은 내가 주변에서 서성거리는 것을 싫어한다. 마음 놓고 윈도쇼핑을 하고 다닐 수가 없을 뿐 아니라 하나하나 간섭하니 거추장스럽다는 것이다. 그래서 나는 아내를 백화점에 떨어뜨려 놓고 친구를 만나든지 내 볼일을 보아야 한다. 그런데 요즘 아내는 인터넷쇼핑에 재미를 붙여서 특별한 경우를 빼고는 나를 대동하고 다닐 필요가 없어졌다.

　아내가 뇌의 격막하출혈膈膜下出血로 입원한 적이 있는데 퇴원

한 후로는 쇼핑까지도 의욕을 잃었었다. 말은 어눌해지고, 걸음도 불안정했었다. 엉뚱한 말을 자주할 때는, 나도 놀라서 퇴원 후로도 아내가 하던 주방일과 세탁 등 무엇이나 해 주면서 쾌차해지기만을 기다렸었다. 그러나 몇 개월이 지나자 거짓말처럼 정상회복이 되었다.

그래서 삼 년 만에 미국에 있는 자녀도 찾아보게 되었다. 우리는 미국에 가면 으레 조 앤 패브릭Joe Ann Fabric에 들려 옷감을 사 와서 아내는 자기가 원하는 드레스를 디자인해서 입곤 했었다. 그런데 이번에는 그런 사치스런 생각은 할 수가 없었다. 그래도 우리는 참새가 방앗간을 거저 지날 수 없는 것처럼 직물상에 들렀었다. 이번에는 식탁 의자를 씌울 천을 샀다. 의자를 너무 오래 썼기 때문에 식탁까지 새로 바꾸자는 것을 내가 의자 커버만 갈아 끼우자고 했던 것이다. 그것은 내가 할 수도 있다고 말하면서. 아내는 귀국하자, 완전히 옛 습관이 회복되어 의자 커버를 바꾸는 일을 하자는 것이었다. 아내의 건강을 고려해서 내가 하겠다고 말했지만, 완전히 자신이 생기지 않아 커버를 씌우는 부분만 떼어 가구수리점에 가져가서 말끔하게 만들었다.

그다음부터 아내는 홈쇼핑을 하기 시작했다. 종갓집 김치도 사고, 옥돔, 갈치, 전복, 고등어, 떡갈비, 모싯잎떡, 성심당 대전 부르스떡, 순천 화월당 찹쌀떡, 사과, 두유…, 그러면서 서울에는 일주일에 두세 번씩 반찬을 만들어 보내 주는 매장이 있다는데 그런 곳 좀 수소문해 보라고 말하기도 했다. 나는 아내가 의욕을 회복해서 이렇게 쇼핑을 해 주는 것이 기쁘기만 했다. '외출하기도 싫다. 무엇을 먹어도 맛이 없다. 발이 시리다. 살기가 싫다.' 이렇게 말할 때는 맥이 풀리는데 쇼핑을 시작하니 얼마나 기쁜지 몰랐다. 아내는 홈쇼핑의 결제를 내 카드를 써서 하고 있다. 그래서 돈이 나갈 때마다 문자가 온다.

쇼핑은 음식에 국한하지 않는다. 구두도 사고, 옷, 이불, 다리미, 냄비세트, 주방 세제… 무엇이든 싸고 신기하면 다 산다. 옷이나 구두 같은 것을 백화점에서 눈으로 보고 사도 마음에 들지 않아 바꾸러 가는 경우가 많은데, 제발 안 샀으면 좋겠다고 말하면 받아보고 마음에 안 들면 반품하면 된다고 말한다. 아내는 시력이 약해져서 책을 읽기가 힘들다. 성경묵상지인 『다락방』도 읽으려면 돋보기가 있어야 한다. 그런데 온종일 책도 안보고 앉아 있을 수만은 없다. TV가 낙이다. 그래서 쇼핑채널을 보게 되는데 거기서 하는 선전은 보통이 아니다. 보는 사람 넋을 홀랑 빼버리는 수법으로 선전하며 곧 매진된다고 또 구매를 부추긴다.

세상이나, 세상에 있는 것들을 사랑하지 말라고 성경은 말하지만, 세상에 발을 붙이고 사는데 유혹을 안 받을 수가 있는가? 얼마 전에는 요즘 뜬다는 특별자치시로 친구가 이사 가서 집들이를 간 일이 있다. 요즘 새집들은 모두 시체 사람들의 구미에

맞게 만들어 놓는다. 가구를 가지고 옮길 필요가 없이 붙박이로 집 안에 만들어 놓았다. 아내는 그곳을 갔다 오더니 이사 가고 싶어 했다. 오래 살다 보면 벽지도 낡아지고 가구들이 마음에 맞지 않는다. 이사 가지 않고는 버릴 것 버리고 대청소는 할 수 없는 일이다. 아내는 이제 우리 인생의 마지막으로 생각하고 이사 한번 가면 안 되겠냐고 묻는다. 이사 갈 생각을 한다는 것은 큰 용단이다. 정말 삶에 새 힘이 솟는 것인가 하고 가상하게 생각되지만, 나는 이사는 더 이상 하지 않는다고 못 박는다. 아내가 이사 안 가려면 어질러진 가구를 정리하게 정리장이라도 사자고 조른다. 어쩔 수 없이 가구 할인매장에 나가 원하는 것을 사기로 했다. 헌 가구는 버려야 하는데 그것도 큰일이다. 아파트에서 헌 가구를 버리는 스티커를 사는 것도 문제지만 버리는 데까지 가지고 나갈 힘이 없다. 관리사무실에 달리dolly도 없다. 어렵게 이 일을 처리한다.

우리 부부는 이제는 집안일도 꾀가 나서 쉽게 해보려 한다. 아침에 일어나면 늦게 일어난 사람이 침대 만들기를 해야 하는데 그것이 싫어서 일어나면 한 사람이 침실을 나가기 전에 다른 한 편도 함께 일어나 침대 만들기를 한다. 훨씬 편하기 때문이다. 그런데 하루는 아내가 말한다.

"일생에 삼 분의 일은 침대에서 보내지요?"

"정말이야, 여덟 시간 잘 자는 것도 복이지."

"그런데 우리는 침대를 너무 오래 썼어요. 좀 바꾸면 안 돼요?"

"침대 쇼핑까지?"

나는 아내의 넘치는 새 힘에 깜짝 놀랐다. 순간 얼마 전 세상을 떠난 친구 생각을 했다. 아내에게 잘 해주라는 당부였다. 집에 돌아올 때 아내 없는 방에 들어서는 것이 제일 두렵다는 이야기였다. 들어주어야 한다고 생각했지만, 너무 심하다는 생각이 들었다.

"침대는 그렇고, 그냥 이불만 바꾸면 안 될까?"

우리는 백화점에 나갔다. 아내는 막상 사러 나가니 짠돌이가 되어 이불 커버만 바꾸자고 했다. 그런데 우리 이불은 옛날 것이 되어 사이즈가 맞는 것이 없었고, 또 이에 맞게 만들려면 값이 비쌌다. 그래서 아예 예정했던 대로 새로 사자고 했다. 매장 직원이 이것저것 보여 주는데 싼 것부터 점차 비싼 것까지 올라가 신혼부부가 선호하는 이불까지 보게 되었다. 일생에 또 살 이유는 없고, 노인들이 싼 것을 살 수도 없다고 생각하니 그냥 혼수품 같은 이불을 고르게 되었다. 그러자 베게도, 베게 커버도 침대 시트도 안 살 수가 없었다. 아! 쇼핑의 유혹은 이런 것이었다. 눈으로 보면 안 살 수가 없다. 우리는 배달해 달라고 결재하고 돌아와서 얼마 동안 후회하고 망설이고 했지만, 지금은 자러 들어갈 때마다 구름으로 들어가는 것처럼 기분이 좋다.

내 스승 감요섭 선교사

나는 미국에 있는 친구로부터 감요섭Joseph Price Cameron 교수가 3년 전 1월 27일에 소천했다는 소식을 듣고 너무 가슴이 아프고 안타까웠다. 계속 이메일을 보냈지만, 작고했기 때문에 소식이 없었던 것이다. 그는 한국에 부인과 함께 1959년에 와, 한남대학교에는 1961년부터 3년 간 부교수로 있으면서 수학과의 전신인 수물과를 신설했다. 나는 이 대학에 1963년에 편입했기 때문에 오래 만나지 못한 분이다. 그러나 나는 2004년 미국 여행 중 그를 만나보기로 했다. 안다는 것은 그 사람과 관계를 갖는 일이다. 한남대학교 수학과에서 29년간을 봉직했던 나는 은퇴후 미국을 방문했다. 노스캐롤라이나 주에 살며, 나의 멘토였던 영문과 한미성Melicent Huneycutt 교수를 만나러 간 김에 사우스캐롤라이나에 살고 있는 그 교수도 만나볼 생각이었다. 10월 23일 방문해도 되느냐는 내 이메일을 받고 그는 곧 환영한다는 답을 해왔다. 그는 아들이 의사로 같은 마을에 살고 있었지만, 홀로 자기 집을 지키고 외롭게 살고 있었다. 자기 집의 객실guest room 을 비워두고 우리 부부를 맞이한 뒤 바로 자기 차로 자기가 졸업했으며 수학 교수로 있었던 시타델주립사관학교The Citadel, The Military College를 안내하였다. 이곳은 입학과 함께 기숙사에 입사하고, 재학 중에는 군사교육을 받아서 졸업 후 바로 임관하는 곳이다. 졸업생들은 1860년 초 남북 전쟁 때는 남군의 주력 부대였다. 세계 제2차 대전 때는 대부분의 학생이 입대했는데 그중 279명이 생명을 잃었다고 한다. 감요섭 교수도 33개월 현역으로 근무했으며, 이 학교를 졸업하자 조지아 대학에서 수학으로 석사학위를 받고 이곳에서 교수로 있었다고 한다. 그는 그 학교의 졸업생임을 자랑스럽게 생각하고 있었다. 사는 곳이 마운트 플레즌트Mt. Pleasant로 강과 북대서양으로 둘러싸여 섬과 같은 곳이었다. 그는 터줏대감으로 그곳에 살면서 정원도 가꾸고 낚시질도 하며 은퇴 후 여생을 즐기며 살고 있는 것 같았다.

그 뒤로 나는 그와 계속 이메일로 사귀었다. 가끔 증손자들과 함께 찍은 사진을 보내며 4대째 애들이라고 자랑했다. 그는 나보다 11살 위이고 스승과 제자의 관계였지만, 자기가 이메일을 쓸 때는 친구라고 부르고 싶다고 했다. 자기의 외손녀가 가정파탄으로 이혼소송을 당하고 있다며, 이를 위해서 기도를 요청한다는 말을 하기도 했다. 그러다가 2월에 마운트 플레즌트에 눈이 왔다고 사진을 보내오고, 2004년 12월에는 무게가 5kg이 넘으며 길이가 57cm에 달하는 큰 고기Red Drum: 민어의 일종를 잡았다고 뒤뜰에 걸어놓고 사진을 찍어 보낸 적도 있다. '동풍에 고기가 물지 않는다고 누가 말했던가?'라고 말하며 바람 부는 날인데도 큰 고기를 잡아 개가를 올린 것이다. 어떨 때는 내가 영어를 하는 것만큼 자기도 한국어를 잘 구사했으면 좋겠다고 말하며, 내가 좀 더 훌륭한 영어를 쓸 수 있게 도와주어도 되느냐면서 내가 보낸 이메일의 영어를 수정해 주기도 했다. 정관사와 부정관사는 미국 사람도 잘 틀린다면서.

그는 외로워하더니 목사 어머니 되는 부인과 결혼하게 되었다. 정확한 날짜를 알려주지 않아 잘 모르지만, 새 부인이 2009년 크리스마스 때 장식했다는 트리의 사진을 보면 어쩌면 그해에 결혼한 것 같다. 한번은 2010년 6월 9일의 조선일보 카피를 나에게 보내며, 무슨 내용인지 간단히 알려 달라고 하기도 했다. 그것은 자기 큰딸 쇼Carole Cameron Show에 대한 기사였다. 이 딸의 시아버지가 평양에서 태어나 한국을 고향처럼 생각하고 있는데 하버드대 철학과를 다니고 있을 때 한국전쟁이 일어나 해병 정보장교로 자원입대, 인천 상륙작전에 참여해서 공을 세웠고, 정보부대를 이끌고 서울 탈환 작전에 앞장섰다가 녹번동에서 인민군과 교전 끝에 28세로 사망했다. 이를 기념해서 서울 은평구 평화공원에 쇼 대위 동상제막을 하려 한다고 그 가족을 초청한다는 기사 내용이었다. 그래서 감요섭 교수의 딸도 서울에 왔는데 그녀의 남편은 하버드대에서 동아시아학을 전공했고, 서울대에서 석사를 마친 뒤 대학에서 강의하다가 7년 전에 사망했다. 그는 딸을 통해 대개의 내용을 들었겠지만, 나에게 그 기사를 통해 자기 딸 자랑을 하고 싶었던 것이다. 그 딸은 미 대사관에 근무했으며, 한국에 대한 저서 『외국에 의한 한국 독립의 파멸The Foreign Destruction of Korean Independence』이라는 책도 냈다고 했다.

감요섭 교수는 잠시도 소식을 못 보내면 견딜 수 없는 성미여서 컴퓨터 바이러스로 이메일이 먹통이 되면 짜증을 내며, 바로 새로운 ID로 바꾸고 나에게 연락했다. comcast.net을 사용하고

있었는데 jody2946, joepricecameron, beaverup, joeboyca-meron, exponent 등으로 바꾼 ID들을 계속 알려 왔었다. 드디어는 너무 화가 났는지 2011년 1월에는 '바이러스에 대한 마지막 해결책: A final solution to the virus'라는 제목으로 그것은 '컴퓨터를 죽이는 일'이라며 권총으로 컴퓨터를 겨누고 있는 사진을 보내왔다.

내가 그에게서 받은 마지막 메일은 2011년 6월 12일에 받은 것이다. '노년을 위한 철학'이라는 PPT 동영상이었다.

1. 무의미한 숫자는 버려라. 연령이든 몸무게든 개의치 말라. 의사나 걱정할 일이다.

2. 오직 즐거운 친구만 사귀어라.

3. 계속 배워라. 컴퓨터, 기술, 정원 가꾸기 등 열심히 해라. 게으른 공간은 마귀의 집이며 마귀의 이름은 알츠하이머다.

4. 단순한 것을 즐겨라.

5. 자주 웃어라. 길게, 크게.

6. 슬픔은 있을 수 있다. 참아라. 슬퍼하라. 이겨내라.

7. 네가 사랑하는 것으로 주변을 채워라. 가족, 애완동물, 추억이 되는 물건, 음악, 화초 무엇이든 채워서 가정이 네 피난처가 되게 하라.

8. 건강을 소중히 여겨라. 건강하면 유지하고, 나쁘면 개선하고, 개선이 안 되면 도움을 청하라.

9. 죄의식에 사로잡히지 말라. 산책이든 이웃 동네를 가든 외국 여행을
   하든, 무엇이든 해라. 다만 죄책감이 느껴지는 곳에는 가지 말라.
10. 기회 있을 때마다 사랑한다고 말해라.

그 후로 그는 그렇게 말하기 좋아하던 내용을 전하지 못하고,
또 듣지도 못하고 있다가 아파서 세상을 떠난 것이다. 나는 그
와 멀리 떨어져 있었었지만 마치 함께 사는 것처럼 동행하고 있
었다고 감히 말할 수 있다. 가까이에 있는 형제보다 더 알고 교
제하며 지내고 있었다. 날마다 기도하고 지내면서도 내가, 그를
알 듯 예수님을 알고 있었을까 하고 돌아보며 예수님께 미안하
기도 했다.

한편 그렇게 가깝던 친구에 대해 오랫동안 소식을 모를 때, 그
의 안부를 수소문해서 왜 알아보지 못했을까 하고 후회가 되기도
했다. 그래서 안타까운 마음으로 감요섭 교수를 잘 알 수 있는 동
문에게 이제는 떠나간 그를 함께 애도하고 싶어 전화했다.

"감요섭 교수를 잘 알지요?"

"그럼, 내가 배웠는데."

"그가 글쎄 3년 전에 세상을 떠났대. 까맣게 몰랐지, 뭔가."

"그래, 그분이 몇 살이나 되었지?"

"딱 90세였어."

나는 그가 나만큼 슬퍼해 줄 것을 기대하고 있었다. 그러나

그는 말했다.

"그래? 그럼 천수를 다하셨구먼. 호상好喪일세 그려."

그리고 그것이 끝이었다.

어쩌면 당연할 수도 있는 감요섭 교수에 대한 그의 반응이 왜 그렇게 서운했는지. 나는 예수 그리스도를 섣불리 전하다가 말하지 않아도 다 안다고 거절당한 기분이 되어 씁쓸했다.

교회를 옮기는 변

친구가 나에게 자문을 구한 이야기는 다음과 같다.

그는 오래 다니던 교회를 그만두고 새 교회로 옮겼다. 그곳은 드물게 볼 수 있는 젊은 목사가 개척한 교회여서 신앙 성장에 크게 도움이 될 것이라는 자기 친구의 권고로 옮긴 곳이라고 했다. 그런데 옮긴 지 얼마 안 되어 교회를 가다가 교통신호와 속도위반을 했다고 범칙금 납부통지서를 받았다는 것이다. 빨리 달리다가 노란 신호가 켜졌지만, 급정거를 할 수 없어 지나친 것인데 범칙금 통지를 받은 것이다. 그래서 그 뒤로는 특히 그 지점에서는 신호위반을 안 하려고 노력해왔다. 일 년째 되는 얼마 전 그 지점을 지나려는데 노란 신호가 켜졌다. 그래서 급정거했는데 이제는 뒤따르던 차가 후면을 받아 교통사고가 나버렸다. 그래서 차를 차고에 넣고 얼마 동안 렌터카를 해서 다녔다고 했다. 그런데 또 한 번 같은 장소에서 똑같은 방법으로 두 번째 교통사고가 나서 이번에는 병원에 통원치료를 받고 있는 중이라고 말했다.

그가 나에게 묻고 싶었던 말은 교회 출석하러 가는 길에 이런 일이 두 번이나 생기는데 이것은 그 교회에 나가지 말라는 뜻이 아니냐는 것이었다. 우연도 중복되면 필연이라는데 자기가 오래 다닌 교회에 불만이 있더라도 충성하고 지내야 한다는 하나님의 경고를 무시하고 새 교회에 나가고 있으니, 그것을 막으려고 이런 일이 생기는 것이 아니냐는 이야기였다. 문이 닫혔는데 그 문을 뚫고 나가려는 것은 잘못된 것이 아니냐는 말도 덧붙였다.

옛 교회는 새롭게 자기 힘으로 모든 것을 해낼 수 있다는 자신만만하고 패기 있는 젊은 목사를 모셨는데 오랫동안 잠들어 있는 교인을 깨워 하나님의 지상명령을 수행하는 용사를 만들어 삼천 명 교인의 교회로 부흥시키겠다는 비전을 보여 주는 목사였다. 그래서 교회는 현재 교인을 한 사람 한 사람 잘 보살펴서 행복한 가정이 되게 하고, 그리스도의 풍성한 사랑으로 교인 각자가 자원하여 교회를 섬기며, 서로를 위해 기도하는 하나 된 사귐 공동체를 지향하기보다는 한 사람이라도 새 교인을 인도하여 교회 성장을 목표로 하는 '큰 교회' 목자의 야망이 눈에 보이는 세속적인 모습이 싫어 내 친구는 진즉부터 그 교회를 떠나고 싶었다는 것이다.

그러나 두 번의 교통사고를, '새 교회로의 문이 닫혔다는 하나님의 계시'로 생각하는 것은 무리인 것 같았다. 문이 닫히면 또 한편으로 문이 열린다는 '닫힌 문과 열린 문'의 원리가 있기는 하다. 그러나 새로 열린 문을 찾는다는 것은 왜 자기는 교회를 떠났으며, 왜 이 교회로 옮겼는지, 바른 진리를 찾아보겠다는 구도자적 결심이라면 또 한 번 '새로운 문'을 쉽게 찾는 우를 범해서는 안 된다는 생각이 드는 것이었다.

메리 베튠Mary M. Bethune은 1875년 사우스캐롤라이나 주의 한 노예가정에서 열일곱 자매 중 열다섯 번째 딸로 태어났다. 그녀는 흑인과 백인의 차이는 글을 읽을 수 있느냐 없느냐에 있다고 확신하고, 공부해서 아프리카에 선교사로 가서 그곳 흑인들에게 공부를 가르치겠다는 목표를 세웠다. 간난신고 끝에 흑인학교를 다니고, 또 장로교에서 운영하는 중등학교에 8㎞ 거리를 도보로 다니며 공부했는데 그곳 교사 엠마 윌슨이 그를 좋게 보고 그를 도와 장학금으로 신학교에 다니게 했다. 그녀는 무디 신학교도 다녔다. 드디어 졸업하고 아프리카의 선교사로 지원했는데 흑인이라고 거절을 당했다. 결국, 문이 닫힌 것이다. 그러나 그녀는 편한 삶을 택하지 않았다. 그녀가 태어난 마을에서 교사 경력을 쌓고 결혼을 하자, 플로리다로 옮겼다. 그곳에서 흑인들을 가르치는 새로운 문을 열기 시작했다. 학교를 세웠다. 플로리다의 데이토나Daytona에서, 1904년 쓰레기 처리장 근처에 있는 집을 $11.00에 세를 내어 의자와 책상은 나무상자로 만들고, 잉

크는 나무 열매elderberry를 짜서 쓰고, 탄 나무로 연필을 만들고, 흑인 여학생 6명과 자기 아들을 데리고 여학교를 시작했다. 감자파이, 아이스크림, 생선튀김들로 학비를 벌게 하며, 사회 각층의 자선단체와 교회 등에서 도움을 받고 성장하자, 옷 만들기 · 여성용 모자 만들기 · 요리 및 각종 공예품 만드는 법을 가르쳐 흑인 여성으로 독립할 수 있게 했다. 1931년에는 감리교회에, 같은 종류의 흑인 남자학교 쿡맨Cookman과 통합을 주선하여 흑인 남녀를 가르치는 베튠·쿡멘 초급대학이 되었고, 1941년에는 대학으로 승급되었다. 베튠은 이 학교의 총장으로 1923년부터 1942년까지 있었는데 미국 최초의 흑인 총장이 되었다. 그녀는 흑인 기본권 보장을 위한 민권운동가, 루즈벨트 대통령의 흑인 고문으로 일하는 정치인 등으로 큰 활약을 했다. 지금도 그녀가 학교를 세운 데이토나의 집은 역사적 명소로, 워싱턴 DC에 살던 집은 역사적 장소로, 또 워싱턴의 링컨공원에는 그녀의 동상이 세워져 있다고 한다.

나는 이 이야기를 친구에게 해 주었다. 그러면서 새 교회로 옮기려던 것은 친구의 조언을 따라 옛 교회가 교회생활에 부담을 주기 때문에 새 교회에서 안일하게 교회생활을 하다가 천당 가려고 했던 것이 아니냐고 웃으며 말했다. 그는 정색하고 반대했다. 인생의 마지막을 낭비하지 않고 참되게 하나님을 섬기며 살다 가려고 좋은 목사님을 찾아온 것이라고 말했다.

"설마 열린 문이 옛 교회로 되돌아가는 것이라고 생각하는 것은 아니겠지요?"

이렇게 물었더니, 손을 내저으며 그건 절대 아니라는 것이었다.

"그럼, 또 새 교회 하나를 찾아가는 것입니까?"

그러자 그는 그것도 아니라고 한다.

"그렇다면 고난을 이기시고 하나님과 동행하는 삶을 살겠다는 굳은 결심을 하고 '닫힌 문과 열린 문'을 믿는 고정관념을 버리고 새 교회에서 주님의 뜻을 찾아보세요."

그는 한참 있다가 이렇게 말했다.

"그러나 똑같은 장소에서 똑같은 교통사고가 다시 일어나면 나는 그 노선에 없는 교회로 나갈 겁니다."

교인들이 교회를 옮기는 이유는 여러 가지가 있다.

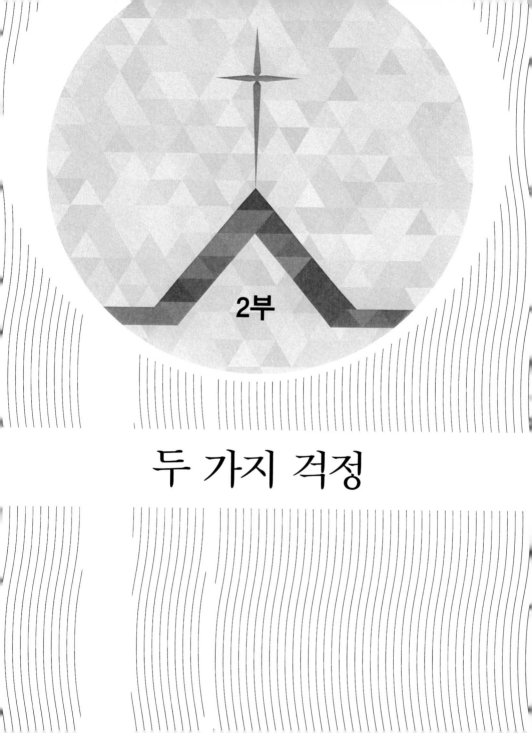

2부

두 가지 걱정

생일 축하

누가 슬픔을 기쁨으로 바꾸는 놀라운 일을 하거나 상을 타는 일이 있으면 축하의 인사를 한다. 그럼, 생일 축하는 누구에게 하는 축하의 인사일까?

내가 어렸을 적에는 태아를 품은 산모는 생명을 담보로 하는 해산의 고통을 겪어야 했다. 의사의 정기검진을 받고, 태아의 초음파 사진을 보며, 예정일에 병원에서 분만하는 것도 아니고, 진통이 오면 산파도 없이 이웃 할머니들의 도움을 받아 솥에 물을 끓여놓고 산고를 이겨내야 했다. 이것은 하나님이 죄를 지은 인간을 지상으로 추방할 때 준 가혹한 고통 중의 하나이다. 그러나 아이를 낳기 전에는 '손가락, 발가락은 다섯 개일까? 아빠를 닮은 애를 낳게 될까? 살아서 아이를 볼 수 있을까?' 이렇게 근심하지만, 분만하게 되면 건강한 애를 얻게 됨으로 말미암아 모든 고통을 다 잊어버리고 자녀만을 사랑하게 되는 것이 어머니다. 그럼, 축하는 이렇게 해산의 고통을 이겨낸 어머니에게 해야 하는 것이 아닐까?

아니다. 생일 축하는 태어난 어린아이의 몫이다. 누가 생일 축하를 그 어머니에게 돌리는 사람이 있는가? 애들도 생일 축하는 자기가 받아야 한다고 생각하며 커 갈수록 자기 생일을 챙긴다. 생일이 되면 선물도 받고, 친구들을 불러 파티도 하고, 또 친구 집에서 자고와도 부모가 이를 허락한다. 그래서 생일을 기다리며 혹 부모가 자기 생일을 잊어버릴까 걱정이 되어 "오늘은 거의 내 생일이다almost my birthday."라고 부모에게 생일 예고를 외친다. 그리고 생일이 되면 "오늘은 내 생일이다!"라고 두 손을 번쩍 들고 외친다. 생일은 분명 이 세상에 새로운 생명체로 태어난 그들의 날이고 생육하고 번성할 의무를 다하고 떠난 부모의 날이 아니다.

우리는 자녀들이 결혼하고 우리를 떠나 자기 가정을 이룩하고 살고 있는 것이 30년이 넘는다. 그래서 2인 1가구로 살면서 우리는 서로 상대방 생일을 축하하고 산다. 한때는 철없는 우리 2세들처럼 '며칠 있으면 엄마 생일이다.'라고 자녀들에게 엄마 생일 예고를 전화로 하기도 했다. 옛날에는 지금처럼 이메일이 흔하지 않아서 생일이 되면 자녀들이 예쁜 생일카드를 보내왔었다. 아름다운 경치를 보면 그림엽서 같다고 말하는데 정규 규격보다 크고 예쁜 생일카드를 받으면 그렇게 기분이 좋을 수가 없다. 편지와 함께 따로 쪽지를 넣어서 깨알 같은 글씨로 부모님 은혜 감사하다는 글을 써 보내는데 우리는 그것을 두 번, 세 번 되씹어 읽으며 기뻐한다. 아내는 눈물을 글썽일 때가 많다. 남들은 명절이면 자녀들이 손자들을 데리고 부모를 찾아오고 가정에 활기가 넘치는데 우리는 그런 것을 잊은 지 오래되었다. 그래서 생일카드와 전화를 받는 것이 기쁨인데 때로 애들은 바빠서 생일을 잊어버리고 전화도 안 할 때가 있다. 그래서 전화를 기다리다 못해 아내는 눈물을 흘릴 때가 있어서 생일 예고통지를 했던 것이다. 그런데 지금은 그런 슬픔에는 무디어졌다.

옛날과는 다르게 지금은 카톡이 생겨서 '생일 축하드려요.' 하면서 생일 케이크나, 꽃들 사진 그리고 무료로 다운받은 이모티콘 하나쯤 첨가해서 보내면 그것으로 생일 축하가 끝난다. 바쁜 세상인데 그 정도면 감사 표시가 끝나는 것이 아닐까? 그래서 우리도 그것으로 자족自足한다. 물론 우리도 그들에게 잘한 것이 없다. 얼마 전까지는 자녀들의 생일 때는 꼭 케이크와 초를 사서 그들과 같이 있을 수는 없지만, 함께 있다고 생각하며 집에서 아침 먹기 전 생일 축하 노래까지 하였다. 그런데 그들의 나이 50을 정점으로 그 애들의 생일 케이크 잔치는 그만두기로 했다. 이 일에 많이 익숙해져서 아내는 둘이서 사는 것이 외롭다고 말하지 않는다.

어떤 사람은 늙어서 둘이 살면서 청승맞게 무슨 케이크까지 사서 생일 축하를 하느냐고 핀잔을 준다. 그래도 우리는 한 번도 우리 생일만은 거른 일이 없다. 처음에는 데코레이션이 제대로 된 생일 케이크를 샀는데 지금은 안 그런다. 사와도 한 번에 다 먹을 수도 없고, 또 케이크에 바른 크림 토핑이나 꽃장식들은 거추장스럽고 소화에도 도움이 안 되기 때문이다. 그래서 축하 뒤에도 계속 냉장고에 넣어놓고 먹을 수 있는 카스텔라로 된 롤 케이크로 바꾸었다. 이렇게 양식은 바뀌었으나 정성은 변함이 없어야 하기 때문에 생일 아침 일찍, 내가 사는 소형 도시에 많지 않은 '파리바게뜨' 제과점에 나가 그날 만들어 놓은 케이크에 긴 초 8개 짧은 초 4개를 달라고 해서 아침 식사의 탁자를 장식하고 생일 축하 노래를 부른다.

햇빛보다 찬란히 샘물보다 더 맑게
온 누리 곱게 곱게 퍼지옵소서
뜨거운 박수로 축하합니다
내 아내 생일을 축하합니다

물론 위의 생일 축하 노래의 '내 아내' 부분은 내가 독창을 한다. 생일이란 한 살 더 먹는다는 말인데 일 년 더 죽음 앞에 다가서는 생일을 왜 축하하느냐고 말하는 사람도 있다. 그러나 함께 살아주느라 수고한 아내가 생일 축하를 못 받는 날이 가까워진다는데 그렇게 힘들지 않은 생일 축하를 못 해줄 것도 없다고 생각한다. 어떤 아내들은 생일에는 좋은 옷을 사 달라, 패물 수집이 취미인 여인은 패물을 사 달라는 등 요구조건이 많은데 나의 아내는 그런 것에는 관심이 없다. 단 한 가지 애들 생일에는 분위기 있는 식당에서 약간 호화스러운 식사를 사 달라는 것이 고작이다. 나는 꼭 이 작은 요구는 들어주고 있다.

　이번 큰아들 생일은 주일이었다. 올해 여름은 유난히 더워서 한 달이 넘게 찜통더위가 계속되고 열대야가 계속되었는데 그 한 주일이 바로 생일이었다. 그런데 그날 교회에서는 나이 든 분들이 힘들었겠다고 은퇴 장로들의 저녁 식사를 대접하겠다는 것이었다. 우리나라는 외국이 아니어서 식사 초대에 부인까지 초대하는 법이 없다. 그래서 아들의 생일인 이날은 아내와 외식하는 날이었는데 어쩔 수 없이 혼자 갔다. 이른 저녁을 마치고 집에 와보니 아내는 그때야 '신라면'을 끓여 먹고 난 뒤여서 스티로폼 용기에 뻘건 국물이 묻어 있는 상태였다. 너무 미안해서 쳐다보고 있는데 아내가 싱긋 웃으며 말했다.

　"혼자 먹을 때는 '신라면'이 제격이에요."

야외에서 먹었던 신라면

둘이 살면 외로운가

우리 교회는 그달에 다섯째 주가 있으면 가정주간으로 정해 오후 예배가 없다. 주중 내내 바쁘게 일한 직장인들이 주일에는 더 바쁘기 때문에 가족끼리 모여 안식일을 쉬면서 지내라는 뜻이다. 그날은 교회에서 점심도 주지 않으니 가족끼리 즐거운 식사를 하라는 뜻이기도 하다. 그러나 시간이 없다고 불평하던 교인들도 쉬라고 막상 자리를 깔아 놓으면 무엇을 할 줄 몰라 하고 오히려 허전해 한다.

우리 부부는 집에 가는 길에 맥도날드에 들러 빅맥Big Mac과 커피, 콘 아이스크림을 사서 집에 와 먹는다. 먹고 가자고 해도 아내는 노인들이 입을 크게 벌리며 빅맥을 먹고 있는 것을 보이는 것은 꼴사납다고 드라이브 스루Drive-through로 테이크아웃 런치를 고집한다. 누군가 우리가 둘이서만 사는 노부부인 것을 알면 불쌍한 표정으로 볼지도 모른다. 그러나 우리는 이런 순간이 행복하다. 우리는 여행도 패키지 package 여행을 즐기지 않고 둘이서 여행할 때가 훨씬 많았다. 미국에서 마지막 학위과정을 하고 있을 때는 175마일이 넘는 시골길을 주일마다 아침 일찍부터 밤늦게까지 우리 부부는 초등학생인 막내아들을 태우고 교회를 다녔었다. 세 시간이 걸리는 길이었기 때문에 아침 7시에 밥을 먹지 않고 던킨도너츠 가게에 들러 도넛과 커

둘이서 가끔 외식을 한다

피를 사 들고 먹으며 교회에 출석하면 밤늦게야 귀가했었다. 그때는 내가 시골의 미 침례교 대학Howard Payne University에서 학생을 가르치고 있었기 때문이다. 댈러스의 한국 장로교회에서는 내가 너무 멀어 시무하기가 힘들다고 했는데도 매주 빠지지 않고 다른 사람보다 더 빨리 교회에 나온다고 나를 장로로 장립시켜 주기까지 했다.

밤늦게 올 때는 내가 졸리기 때문에 아내는 CCC의 주제별 성경암송 카드로 나에게 성경 암송 테스트를 하거나 내가 힘들어 못 하면 자기가 찬송을 부르거나 나를 꼬집어서 내 잠을 쫓곤 했었는데 지금은 혼자서 좀처럼 찬송을 부르지 않는다. 그러나

나는 지금도 아내를 태우고 운전하고 있으면 옛날 그때가 연상되어 행복하다. 미국에서도 뉴햄프셔의 아름다운 단풍길도, 버지니아의 웨인스보로Waynesboro에서 테네시의 스모키마운틴Smocky Mountain까지 460마일의 산 정상을 공원화한 안개 낀 블루리지 파크웨이Blue Ridge Parkway를 따라 트리플 에이AAA의 지도를 읽으며 둘이서 다녔었다. 가는 길에 블랙마운틴Black Mountain의 한국 선교사촌도 들렀고, 한미성(노스캐롤라이나 거주, 전 한남대 교수) 선교사도 만났다. 이것은 다 행복한순간들이었다. 캐나다를 여행할 때는 차가 갓길에 부딪혀 섰는데 길 가던 행인이 토요일인데 다 문을 닫은 정비소를 찾아다니며 나를 도와주었고, 교회에 오가는 길에 차가 서게 되면 꼭 누군가가 와서 도와주었었다. 결국, 우리는 하나님과 동행하고 있었던 것이다.

그래서 하나님과 함께하는, 남이 모르는 기쁨이 있었다.

나는 미국 찬송가 작가 마일즈Charles Austin Miles가 작곡·작사한 찬송 '정원에서: 저 장미꽃 위에 이슬'의 가사를 생각한다. 그는 펜실베이니아 주 출신으로 약학을 전공하였으나 그만두고, 찬송가 작가가 된 사람이다. 평생 398곡이나 찬송가를 썼다는데 우리 찬송가집에는 단 한 곡이 있을 뿐이다. 그는 "나는 찬송가 작가로 알려진 것이 자랑스럽다. 비록 내가 바라던 것만큼 효과적이지는 않았지만, 내가 자원해서 기뻐 섬기는 주님에게 이것이 내가 가장 쓰임 받는 길이라고 생각하기 때문이다."라고 말하고 있다. 그가 정원에서 주님과 기쁨을 나누었던 것은 우리 두 사람이 살면서 하나님과 함께 남몰래 느끼는 기쁨이기도 하다.

나는 홀로 정원에 온다
아직 장미꽃 위에 이슬이 맺혀 있다
귀에 은은히 나는 주님의 음성을 듣는다
하나님의 아들이 말씀하신다

그분은 나와 함께 걸으시며 나에게 말씀하신다
나는 그분의 것이라고
우리가 함께 머무는 동안 우리는 기쁨을 나눈다
우리가 서로 나눈 이 기쁨은 알 사람이 없네

우리는 둘이서 살지만, 하나님과 함께 살며 남이 모르는 기쁨을 나누고 산다.

게으름

성경의 잠언 19장에 보면 "게으른 자는 자기의 손을 그릇에 넣고서도 입으로 올리기를 괴로워"한다고 했는데 나는 그 정도는 아니지만, 많이 나태해졌다고 스스로도 생각하고 있다.

첫째는 육적인 나태인데 아침 일찍 일어나서 산책하는 것도 싫어진다. 아파트에서 내가 피트니스 센터에 등록만 해도 그 시설을 무료로 이용할 수 있는데 등록하기가 싫다. 밥 안 먹고 사는 법은 없을까 하고 생각도 한다. 날씨가 더워지니 매사에 의욕이 없다.

둘째는 영적인 나태인데 무엇보다도 책을 읽기가 싫다. 가만히 있어도 보내오는 책이 많다. 의욕들이 많아서 나이가 들어도 수필집, 칼럼집, 에세이집, 창작집… 등 책을 출판하여 보내오는데 시력도 나빠졌지만, 저녁에 숙면을 못 해선지, 읽기 시작했어도 자꾸 졸려서 책의 같은 쪽을 계속 보고 있을 때가 많다. 그런데 『앵무새 죽이기』라는 소설책을 또 주문했다. 주일 밤에 '골든 벨'이라는 TV 프로그램을 보는데 이 소설책이 마지막 골든 벨을 울리는 50번째 문제의 해답인 책이었기 때문이다.

나는 책을 통해 영적 성장을 한다고 믿고 있다. 컴퓨터를 켜면 구독신청을 해놓은 말씀 묵상이 쌓여 있는 것을 본다. '생명의 말씀사'에서는 나에게 읽게 하려고 '오승재님을 위한 생명의 삶'을 성경 말씀과 함께 해설을 열심히 적어 올리고 있다. '새벽 종소리 QT', 북한선교팀에서는 매일의 기도제목을 적어 매월 초에 보내오고 있다. 의무적으로 프린트는 해놓는데 아침 기도할 때마다 읽고 기도에 동참하지 못한다. 선교사로 나가 있는 분들로부터 기도편지가 와서 일일이 기도제목을 적어 보내오는데 그 기도 요청에도 응하지도 못하고 있다.

오승재님을 위한 생명의 삶(2016-12-21) - 베풀고 나누는 이에게 더 많이 채워 주십…
오승재님을 위한 생명의 삶(2016-12-20) - 화평한 삶의 비결은 불평 없이 선을 행하…
오승재님을 위한 생명의 삶(2016-12-19) - 주님을 아는 것이 복된 삶의 시작입니다
오승재님을 위한 생명의 삶(2016-12-18) - 의인에게는 고난도 복음의 통로가 됩니다

어제 중복에는 너무 더워서 밖에 외식하러 나가려고 아내와 차를 탔는데 차에 시동이 걸리지 않았다. 외국에 가면서 한 달 반쯤 차를 방치하고 갔다 왔더니 완전히 차 배터리가 방전되어 버린 일이 있었다. 그래서 그때 보험회사의 긴급 출동차를 불러

새로 충전했는데, 채 두 달이 되기도 전에 또 방전된 것이다. 출동차를 불러 다시 충전하고 카센터에 가서 조사를 해보았더니 차 시동 중 배터리의 전압을 체크해 보고 배터리에 전력을 공급하는 올터네이터alternator에는 이상이 없다고 했다. 시동을 끄고 다시 전압을 측정해 본 카센터의 직원은 배터리도 이상이 없기 때문에 지금 그것을 교체할 필요는 없다는 것이다. 배터리는 스스로 발전하는 것이 아니고, 차가 달리는 동안 교류 발전기에서 발전한 전력을 재충전하여 쓰는 것인데 배터리의 수명이 다하면 전력을 오래 유지하지 못하기 때문에 그때는 교체해야 한다고 했다. 평균 수명은 3년이라고 하는데 잘 쓸 때는 10년도 계속되는 일이 있어 아무도 그 분명한 수명은 예측할 수 없다고 했다. 다만 일단 완전 방전이 된 뒤는 그 수명이 30% 줄어든다는 것은 사실이라고 말했다. 새로 교체하면 얼마나 드느냐고 했더니 내 상상을 초월하는 금액이었다. 한 번 완전히 방전된 배터리를 믿고 계속 운전하고 다닐 것이 나는 불안해졌다. 앞으로 얼마나 이 배터리가 버티어 줄지 모르기 때문에 나는 우선 자동차 점프 선을 사서 가지고 다니리라 생각하고 카센터를 나왔다.

내 생명력은 나로부터 나오는 것이 아니고 하나님으로부터 온 것이다. 그래서 나는 내가 지칠 때마다 재충전해서 삶을 버티어 나가고 있다는 생각을 했다, 그런데 최근에 자주 게을러지는 것은 충전된 생명력을 유지하는 힘이 약해져서 내 수명이 다해 가는 것이 아닐까 하는 생각을 하게 되었다. 예수님이 열두 제자를 부르시고 귀신을 제어하는 능력을 주신 뒤 둘씩, 둘씩 말씀을 전파하러 보내셨을 때 그들이 돌아와 자기들이 행한 것과 가르친 것을 (흥분해서) 낱낱이 고했을 때 예수님이 이에 대해 아무 말씀도 안 하시고 "너희는 따로 한적한 곳에 가서 잠깐 쉬어라"라고 말씀한 것이 생각났다. 충전할 줄 모르고 자기 열정대로 살아서 생의 배터리 수명이 다해 가는 것을 모르는 제자들에게 하신 말씀이 아니었을까?

오늘 아침 딸이 남편과 함께 라오스로 선교 여행을 떠난다고 공항에서 전화해 왔다. 의사를 포함한 교회 교인들과 함께 30여 명이 단기선교를 떠난다는 보고였다. 그 애는 밤 10시까지 집에 돌아온 일이 별로 없을 만치 주님을 섬기려는 열정이 넘친 애다. 나는 어제 차의 배터리가 방전된 것이 나에게 내 수명이 다해 가고 있다고 하나님께서 경고하시는 것인지, 내 딸에게는 "한적한 곳에 가서 잠깐 쉬어라"라고 주님의 말씀을 상고하며, 재충전할 시간을 가지라고 하시는 것인지, 그 사건이 무슨 뜻이었는지를 다시 한 번 묵상한다.

작은 푯대

누구에게나 일생을 살아가는 푯대가 있다. 기독교인에게 마지막 큰 푯대는 그리스도의 심판대 앞에 서는 것이다. 바울은 그리스도 예수 안에서 하나님의 위에서 부르신 부름의 상을 위하여 달려간다고 말하였다. 그러나 우리는 그전에도 우리가 이루고자 하는 작은 푯대들이 늘 눈앞에 있다. 바울은 가끔 자기를 싸우는 사람과 비교하며 싸우기를, 허공을 치는 것같이 하지 않는다고 말했는데 나는 내 앞에 놓인 작은 푯대를 보면 끝장을 보아야 하기 때문에 큰 푯대를 벗어나 허공을 치는 것이 아닌가 하고 자신을 돌아볼 때가 있다.

못 쓰게 된 chrome cast 부품

얼마 전 나는 미국의 자녀들을 방문한 적이 있는데 그

들은 직장에 나가면서 우리 내외가 집에 있을 때 심심하지 않게 하기 위해서 우리 핸드폰에 구글 앱인 크롬캐스트를 다운받아 거실 TV를 통해 언제든지 한국 뉴스와 연속극을 볼 수 있게 해 주었다. 핸드폰은 임시로 우리가 미국에서 쓸 수 있게 빌려 놓은 것이었다. 신기한 것은 무선으로 마치 핸드폰을 리모컨처럼 써서 거실의 TV 화면에 원하는 내용을 볼 수 있게 해 준 것이다. 열두 시간도 지나기 전, 한국 뉴스도 볼 수 있고, 또 연속극은 몇 회분이든 계속 볼 수 있는 것이었다. 그것이 신기해서 한국에서도 이렇게 볼 수 있으면 좋겠다고 했더니 아들은 그의 집에서 쓰고 있던 크롬캐스터를 뽑아 나에게 주었다. 한국 가서 그곳 TV에 꽂고 쓰라는 것이었다.

그 일을 완수하는 것이 귀국 후 나의 첫 푯대였다. 그런데 내 TV는 산 지 10년 가까이 된 것이어서 후면에 HDMI 단자端子가 하나밖에 없는 것이었고, 내 TV는 유선이 아니고 셋톱박스set-top-box를 쓰고 있어서 그것이 유일한 HDMI 단자를 쓰고 있었다. 크롬캐스트를 쓰기 위해 신형 TV를 살 수는 없는 일이었다. 그런데 미국에서 교수로 있던 아들이 한국에서 5년간 한국 대학에 재직하다가 셋집을 정리하고 가게 되었는데 그 TV는 좀 더 신형인 것을 알게 되었다. 그래서 그 TV를 사위에게 가져다 달라고 했다. 그런데 어떻게 된 일인지 TV의 모니터에 금이 가서 점차 그 흠이 커지는 것이었다. 아내는 크롬캐스트가 뭐가 그리 중요하다고 이웃 사람들에게 고역을 시켜가며 TV를 가져오게 해서, 그냥 보던 TV도 못 보게 하느냐고 투정하였다.

엣것은 10년 가까이 썼으니 바꿀 때도 되었다고 권고하는 주변 사람들이 많아 바꾸어볼까 생각도 했지만, 이제 바꾸려면 앞으로 10년을 바라보고 최신형을 사야 한다는 생각이 들었다. 적어도 눈부시지 않고 화면이 선명한 곡면 TV를 사야 하는데 비용이 만만치 않았다. 하룻밤을 자고 나서, 고장 난 부품을 바꾸어 쓸 수도 있겠다는 생각이 들었다. 그래서 전자서비스센터를 불러 TV의 액정이 못 쓰게 된 것 같은데 교체할 수 없느냐고 물었더니 액정을 수리하려면 100만 원은 더 들 것이라고 말하며 공장 전화번호를 가르쳐 주었다. 그쪽으로 전화했더니 회사원이 출장을 와서 액정이 망가진 것이 아니고 액정을 보호하는 보호유리가 깨진 것이라며 27만 원이면 교체가 된다고 했다.

교체 후에 내가 할 일은 크롬캐스트를 성공시키는 일이었다. 이 TV는 HDMI 단자가 4개나 있어서 이곳에 미국에서 가져온 크롬캐스트를 연결했는데 기능을 하지 않았다. 혹 구글 앱이 잘못되었는지 알 수가 없어서 유리를 교체하러 온 기술자에게 물었더니 여기저기를 만져보더니 이 제품은 미국에서 가져온 것이기 때문에 국내에서는 사용할 수 없다는 것이었다. 인터넷을 통해 크롬캐스트를 사기로 했다. 귀국한 지 한 달 가까이 나는 분명 허공을 치고 있다고 생각했다. 바울이 나를 보면 한심스러웠을 것이다. 그러나 나는 끝내 국내에서 판매하는 크롬캐스트를 샀다. 이것은 과연 유튜브, 영화, 동영상, 오락, 게임 등을 마음대로 TV에 쏘아서 볼 수 있었다. 그러나 대부분 보고 싶은 것은 유료이고 한 달간은 무료로 제공하고 그 뒤부터는 월정액을 받겠다는 것이었다. 나는 그동안 찍은 사진을 앨범으로 구글 포토에 올려놓고 TV로 보는 것에 만족할 수밖에 없었다.

나는 그동안 예수를 믿고 목표가 눈에 안 보여도 '하면 된다'는 꿈을 가지고 살아왔다. 그러나 요즘 애들은 그것이 힘들고 어렵기 때문에 '되면 한다'는 실용적인 꿈으로 바꾸었다고 한다. 나도 이제 늙었으니 허공을 치지 않으려면 내게 맞는 일만 하고 살아야 하는 것은 아닐까 하고 한동안 생각한다.

내게는 왜 기적이
일어나지 않는가

독일 출신의 한 신학 교수가 송별예배 때 말씀하신 설교다. 세계대전이 일어나기 전, 신학교에서 유학할 때 일인데, 자기 룸메이트는 공부하다 지치면 꼭 시를 낭송했다. 그러면 마음이 가벼워지고 정신이 맑아진다고 했다는 것이다. 그 친구는 유대인이었고, 그 시는 히브리어로 된 시편 23편이었다. 그 교수도 차차 히브리어를 배우며 시편을 히브리어로 낭송하기 시작했다. 두 사람은 공부하다 지치면 같이 시편을 낭송했다고 한다.

전쟁으로 나치군이 유대인을 잡아갈 때 그 룸메이트는 피신해 있었는데 한 번은 나치 비밀경찰이 들이닥쳐 자기네를 잡아가고 있다는 긴급전화가 와서 이 교수는 자전거를 타고 찾아갔더니 벌써 납치 차량이 떠나고 있었다. 그때 차 옆 포장이 열리며 친구의 얼굴이 보였는데 그는 "여호와는 나의 목자시니 내게 부족함이 없으리로다."라는 시편을 히브리어로 낭송하고 있었다. 그는 사지로 끌려가면서도 평안한 얼굴을 하고 있어 오래도록 마음에 남아 있었다.

그런데 전쟁이 심해지자 이 교수가 독일군에 끌려가 싸우게 되었는데 전세가 역전되어 이제는 독일군이 연합군에게 포로로 붙들리게 되어 사형을 당하게 되었다. 형장에서 그는 형 집행관에게 마지막 소원이 있다고 말하며, 시편 23편을 히브리어로 크게 낭송했다. 그러자 연합군 장교도 시편을 따라 낭송하였다. 그는 유대인이었다. 이렇게 해서 그는 생명을 유지했다는 간증을 했다.

하나님께서는 이런 기적을 다른 사람들에게는 행하시고 귀한 간증을 하게 하는데 왜 나에게는 이런 기적이 일어나지 않은 것일까 하고 나는 궁금해했다. 그런데 최근 나는 내게 하나님께서 매일 너무 많은 기적으로 나를 돕고 계시다는 것을 깨닫게 되었다. 매일 교통사고와 살인사건과 노인들을 향한 사기, 절도들이 빈번하게 발생하는데 이런 험한 세상에서 탈 없이 보호해 주신 것도 큰 이적이라는 생각을 하게 된 것이다.

며칠 전 자녀들을 방문하고 한 달 반 만에 왔더니 주차해 놓은 승용차의 배터리가 다 방전이 되어 시동이 걸리지 않았다. 그렇게 방전된 것은 적어도 충전 후 한 시간 이상은 차를 움직여 주어야 한다고 해서 점심 전에 보험회사 긴급출동의 도움을 받아 충전하고 되도록 먼 거리를 운전하려고 공주 쪽으로 20~30

분 달려 외식을 했다. 귀갓길에는 주유하고 세차했는데 세차를 돕는 나이 든 아저씨가 차바퀴에 바람이 빠진 것 같다고 했다. 요즘 들어 내 감각이 둔해진 것인지 운전하면서 바퀴가 펑크 난 것을 느끼지 못한다. 몇 달 전에도 교회를 가는데 옆길을 달리고 있던 운전자가 내 차를 가리키며 바퀴에 바람이 빠졌다는 것이다. 그래서 교회에 가서 펑크를 때운 일이 있었다. 그런데 이번에는 다른 분이 이것을 지적해 준 것이다.

기아 정비소에 갔더니 토요일이라 사람이 많아 주인이 직접 나와 조사해 보더니 바람은 빠졌는데 아무리 찾아도 펑크 난 곳을 찾을 수가 없다고 타이어 뱅크에 가보라는 것이었다. 타이어 뱅크에서 아내와 함께 사무실에서 기다리고 있었더니 20여 분 만에 주인이 와서 타이어의 옆구리에 펑크가 나서 타이어 교환을 해야겠다는 것이었다. 바람이 빠진 타이어를 오래 타고 다녀서 옆구리가 닳아 펑크가 났다는 것이다. 아마 오래전에 펑크가 났을 터인데 그것을 모르고 바람이 나간 타이어를 끌고 다녀서 그렇게 된 모양이었다. 주인은 한쪽만 바꾸면 균형이 맞지 않기 때문에 두 개를 바꾸라고 했다. 운전자가 차가 가라앉아 무겁고 둔한 것도 모르고 그렇게 달릴 수가 있었느냐고 아내는 핀잔을 주었지만, 같이 타고 다닌 자기는 왜 몰랐었느냐고 따질 수도 없는 일이었다. 거금 32만 원을 들여 두 시간 만에 나오게 되었다. 토요일이라 사람이 밀리기도 했고, 뒷바퀴를 앞바퀴로 바꾸고 또 휠 얼라인먼트를 하느라고 늦어졌다. 아내는 허리가 아파 힘들어하고 나에 대한 불만도 많았다.

그런데 얼마 전 비 오는 날 TV의 뉴스 시간에 차의 타이어가 마모되어 산(패인 홈)이 없어졌을 때 급정거를 하면 차가 돌면서 사고를 낸다는 내용이었다. 아내는 타이어를 바꾸어서 잘 되었고, 그것은 하나님의 은혜였다고 말하면서 나를 칭찬해 주었다. 내 주변에서도 이렇게 이적이 일어나고 있다.

옐로스톤 국립공원

　댈러스의 막내아들 집을 방문했을 때 그가 우리에게 어딜 가고 싶으냐고 물었다. 미국 자녀 방문을 자주 해서 거의 대부분의 장소는 가보았기 때문에 이번에는 여행을 자제할까 했으나, 나이 들어서 또 언제 미국 여행을 할지 모르는 일이어서 옐로스톤 국립공원을 가보았으면 어떨까 하고 말을 꺼냈다. 우리는 옛날처럼 둘이서 천천히 쉬어가면서 차를 빌려 다녀올 생각이었다. 그곳은 23년 전 친구 부부를 대동해서 우리가 갔던 곳이라고 아내는 말했지만, 나는 막연히 갔다는 생각이 있을 뿐 어디를 어떻게 여행했는지 전혀 기억이 없었다. 그런데 그곳은 멀고 험한 곳인데 우리만 보낼 수 없다고 아들이 일주일의 연가를 내서 우리를 안내하겠다는 것이었다. 공연히 너무 먼 곳을 가겠다고 욕심을 부렸다는 후회를 했으나 그냥 따르기로 하였다.

　콜로라도 주의 덴버까지 비행기로 가고 거기서 차를 빌려 옐로스톤을 가는 여정이었다. 덴버에서 차를 빌리고 목적지를 향해 가다가 중간 래러미Laramie에서 하룻밤을 지내고, 다음날 여덟 시간을 운전해서 그랜드티턴Grand Teton 바로 남단의 잭슨까지 갔다. 날씨는 개었다가 흐렸다 했고, 비 올 확률이 30%가 넘었지만, 비가 오지 않아 감사했다. 그러나 우리의 여행 시기가 너무 빨랐기 때문에 대부분의 방문자 센터visitor center는 열지 않은 상태였다. 이곳은 잭슨 호에서 흘러오는 스네이크리버snake river의 계곡들이 너무 아름다웠다. 바다도 좋지만, 산도 좋다. 눈 덮인 산들이 멀리 보일 때는 환호하며 사진을 찍기도 하였다. 사람들은 옐로스톤 보다는 그랜드티턴의 로키산맥 산들이 훨씬 아름답다고 말한다. 간헐천에서 유황 냄새를 풍기는 모습을 보는 것보다는 웅장한 산에 둘러싸인 마을을 보는 것이 비록 황량하게 보일지라도 숨이 막힐 정도로 아름답다는 이야기다.

숙소를 정하자 다음날부터는 진짜로 그랜드티턴을 살펴보는 차례였다. 그랜드티턴 팻말이 붙은 공원 내로 들어서자 이제는 봉우리만 보이던 산이 그 치마폭 밑자락까지 보여 주기 시작했다. 그랜드티턴, 중앙 티턴, 남쪽 티턴이라는 이름을 가진 산들이 나란히 눈을 이고 있는 모습은 장관이었다. 그 높이들은 4,197m, 3,902m, 3,814m로 백두산보다 1,200m 이상의 높이였다. 우리가 달리던 평원에는 풀이 자라고 있었는데 아내는 그것이 꼭 쑥 같다며 나무처럼 웃자란 쑥을 나더러 끊어 오라 해서

씹어보고 냄새를 맡아 보더니 분명 쑥이라는 것이었다. 후에 우리는 그것이 미국 서부 산 쑥sagebrush의 일종이라는 것을 알게 되었다. 그 쑥 평원에서 들소buffalo들이 한가롭게 쑥을 뜯고 있었다. 이곳은 높은 산과, 우거진 숲과, 큰 쑥밭으로 되어 있는 평원, 더 낮은 곳은 늪지대 그리고 더 낮은 곳은 크고 작은 호수를 이룬 고산 지대였다. 실제로 이 잭슨 호만 해도 그 수면의 해발고도가 2,064m로 한라산보다 높은 곳이었다.

우리가 공원 내에 있는 잭슨레이크로지Jackson Lake Lodge에 이틀간 숙소를 정하고 옐로스톤 탐색을 시작하자, 아내는 자기가 이곳은 23년 전 다녀본 것 같다고 말했다. 나는 처음 걷는 길

같다고 하자, 아내는 분명 여기 어딘가에 작은 자갈이 깔린 호숫가가 있었고, 우리는 그곳 나무벤치에서 점심을 먹었다는 것이다. 드디어 콜터베이Colter Bay에서 그런 곳을 찾았다. 아내는 호숫가로 걸어 들어가더니 바로 그곳이라고 이야기했다. 나는 꿈속에서 헤매는 것 같았고, 아내는 23년 전 과거를 걷고 있었다. 거기를 지나 올드페이스풀Old Faithful이라는 안내소에 갔을 때는 마침 간헐천이 높이 솟구치는 9시 54분의 10여 분 전이었다. 매 40분 내지 두 시간 차이로 이런 현상이 일어나는 것을 예고하고 있었는데 우리는 기회를 맞춘 것이다. 위에서 스며든 물이 석회암의 틈새를 통해 지하로 내려가 용암과 지열로 뜨거

워져 압력이 강해지면 지상으로 솟구친다는데 32~56m 높이로 솟구치는 것이 장관이었다. 고지대의 지표가 땅속을 흐르는 용암과 뜨거운 물로 아직도 살아 있는 것이었다.

아내가 또 보았다는 것은 폭포였다. 수많은 간헐천을 거쳐 노리스Norris의 큰 간헐천을 지나 동쪽의 캐넌빌리지Canyon Village에 왔을 때 33m의 위 폭포upper fall과 93m의 아래 폭포lower fall를 전망했는데 아내는 23년 전과는 보는 위치가 다르다고 해서 여러 전망대를 찾아다녔다. 그러나 우리는 똑같은 위치를 찾지 못했다. 한쪽은 뜨거운 물이 유황 냄새를 풍기며 솟아오르고, 한쪽은 옛날의 큰 지진으로 깊은 계곡이 생겨 마치 옐로스톤Yellowstone에 있는 그랜드캐넌Grand Canyon을 보는 것 같았다.

마지막 날 우리는 맘모스핫스프링스Mammoth Hot Springs에 들렀다. 지표면 상에서 여기만큼 넓고 다양하게, 지열 때문에 생기는 기괴한 조각물을 볼 수 있는 곳은 없다고 한다. 간헐천, 머드가 끓고 있는 곳, 계단처럼, 그리고 괴물처럼 굳어진 석회석 사이로 지금도 흘러나오고 있는 무지개 색깔의 탄산수들을 다른 곳에서는 볼 수 없을 것이다. 이곳은 한 구멍이 막히면 또 다른 약한 틈새를 타고 뜨거운 석회질 물질을 녹인 탄산칼슘들이 끊임없이 흘러나오고 있기 때문에 늘 살아 있는 조각물을 만들고 있는 곳이기도 했다. 그 표면의 아름다운 색깔은 호열성好熱性 미생물 때문이라고 하는데 가장 뜨거운 곳은 노란색, 좀 찬 곳은 오렌지나 갈색, 혹은 초록색을 띤다고 한다. 아무튼, 하나님의 조화는 지금도 과학자들이 뒤쫓아 힘겹게 알아내고 있을 뿐이다.

과거를 까마득하게 잊어버리고 현재를 즐기고 있는 나와 생생한 과거의 추억 때문에 변해 버린 현재를 보며 어리둥절한 아내 중에 누가 더 행복할까? 아내는 맘모스핫스프링스의 널빤지 산책길을 꼭 걸어야겠다고 말했고, 아들은 위쪽의 산책로에 우리를 내려주고 중간만큼 함께 안내하다가 자기는 다시 올라가 차를 몰고 아래쪽 산책로의 주차장에 와서 우리를 기다려 주었다. 그곳에는 수백 년 동안 쌓아 올려 탑처럼 화석이 되어 있는 자유의 모자Liberty Cap가 서 있는 곳이었다.

나는 내가 운전을 해서 23년 전에 왔다는 이 공원과 지금의

공원을 비교하면서 아내와 기억력 싸움을 할 필요가 없다. 아내를 이길 수 없을 것이기 때문이다. 그저 아내의 훌륭한 기억력 때문에 감탄하고 있으면 된다. 만일 반대한다면 아내는 한국으로 귀가해서 20여 권이 넘는 과거 앨범을 뒤져 증거물을 제시할 것이다. 나는 과거를 완전히 잊고 현재를 살며 즐겼다는 것이 마냥 행복했을 뿐이다.

두 가지 걱정

　나는 최근에 두 가지 걱정이 생겼다. 아내와 함께 여행하는데 첫째는 갑자기 돌발사고로 죽게 되면 어쩔까 하는 걱정이고, 둘째는 너무 오래 살면 어쩔까 하는 걱정이다. 얼마 전까지도 그런 일이 없었는데 아내가 뇌출혈로 얼마 동안 힘들었다가 회복한 뒤로는 장거리 여행을 할 때 걱정할 경우가 많다. 서울에서 댈러스-포트워스WDF 공항으로 12시간 비행하는데 좌석이 맨 뒷자리가 되어 너무 시끄럽고 난기류로 소용돌이가 심해 아내는 무서워서 내 손을 꼭 잡고 있었다. 댈러스에서 플로리다로 갈 때는 전날 밤 심한 뇌우로 걱정을 많이 해서인지 꿈에 두 사람이 죽어 십자가 두 개를 꽂아 놓은 꿈을 꾸었다. 비행기에 탑승하고 10여 분이 지났는데도 비행기가 출발하지 않는 것이다. 끝내는 기체정비 중 문제가 생겼다고 전원을 끄고 수리해야 하기 때문에 모두 짐을 가지고 내려야 한다는 것이었다. 이게 무슨 짓인지 언짢았지만, 고장 난 비행기를 탈 뻔했는데 그러지 않아서 나는 꿈땜을 한 것 같아 오히려 마음이 안정되었었다.

왜 그런 생각을 자주 하게 되는지 함께 세상을 떠나면 편안하고 행복한 여행이 될 것인데 젊어서 찍은 영정사진, 수의 등은 왜 준비해 놓았는지 어이없다는 생각이 들기도 했다. 또 부동산은 없지만, 집문서며 연금통장의 비밀번호도 모를 텐데 창졸간에 뒤통수를 맞은 자녀들은 어떻게 할 것인지 별 사소한 것들까지 걱정되는 것이다.

두 번째는 애들에게 짐이 되지 않게 젊게 살다 죽어야겠다고 생각하면서도 너무 오래 살면 어쩔 것인가 하고 또 다른 걱정을 한다. 이번 여행은, 그동안 아내가 아파 3년 만의 아들 집들의 방문이었는데 애들도 우리의 건강이 옛날 같지 않게 보이는지, 우리에게 운전대를 잘 맡기지 않는다. 옛날에 우리가 그들을 방문했을 때에는 애들 친구가 시부모 모시느라 얼마나 힘드냐고 물어도, 우리가 알아서 차를 렌트해서 여행을 다니기 때문에 자기네는 아무 어려움이 없다고 대답했던 자녀들이다. 그런데 이제는 누가 점심 초대를 해도 우리를 거기까지 데려다주고, 또 끝나는 시간을 기다렸다가 데려오곤 했다. 결국, 우리는 더 이상 젊지 않은 짐짝이었다. 그래서 나는 내가 운전하고 싶다고 고집했지만, 지금은 아내도 내 운전 실력을 믿지 않는다. 더욱이 내가 운전할 때면 길눈이 어둡기 때문에 자기가 길 안내를 해야 하는데 지금은 눈이 침침해 안내판을 잘 읽을 수도 없고, 옛날 다니던 길도 생각이 잘 안 나기 때문에 내가 운전을 하면 안 된다는 것이다. 하긴 한국에서도 내가 국제운전면허증을 받으러 갔더니 그곳 경찰이 나를 쳐다보면서 미국에 가서 운전할 생각이냐고 국내운전도 삼가야 할 사람인데 어처구니없다는 듯이 쳐다본 일도 있긴 했었다.

나는 아내와 오래 미국 여행을 할 수 없겠다는 생각도 들어 옛날 갔던 곳을 아내와 한 번 더 가보고 싶다고 콜로라도 스프링스Colorado Springs 주변과 그랜드티턴 국립공원Grad Teton National Park, 옐로스톤 국립공원Yellowstone National Park 등을 운전해서 가보고 싶다고 했다. 그러자 아들은 자기가 일주일 휴가를 내서 우리를 모시겠다는 것이다. 콜로라도의 덴버까지 비행기로 가서 우리와 함께 그곳을 가주겠다고 한다. 결국, 내 의욕은 더욱 애들을 괴롭히는 것이 되었다.

아내가 1977년 처음 미국 땅을 밟아 본 곳이 미시건 주립대학이 있는 이스트 랜싱East Lansing이다. 그래서 그 뒤 39년간 한 번도 가보지 못했던 망향의 땅을 언젠가 다시 한 번 가보고 싶다는 말을 해서 그곳도 내가 가고 싶다고 했더니, 이번에는 내 소원을 들어주어서 미시건의 디트로이트 공항까지 가서 차를 빌려 그곳까지 가볼 수 있게 해 주었다. 이렇듯 애들이 우리를 마지막 볼 사람처럼 최선을 다해 효도하는데 다시 몇 년 뒤 짠! 하고 건강한 모습으로 그들을 또 방문하면 애들은 너무 놀랄 것 같아 이제는 너무 오래 사는 것이 안 되겠다고 걱정이 되는 것이다. 그러나 인명은 재천인 것을 어떻게 하겠는가?

아무것도 염려하지 말고 모든 일에 우리의 구할 것을 하나님께 아뢰면 우리가 이성으로 이해하는 것을 뛰어넘는 하나님의 평화가 우리의 마음과 생각을 이끄신다(빌 4:6, 7)는 성경 말씀을 생각하며, 우리는 우리의 모든 미래를 그분에게 맡길 수밖에 없다고 생각한다.

벚꽃놀이

우리 교회에는 연령별로 선교회가 조직되어 있다. 제일 연장자인 남선교회는 '베드로'이고, 여선교회는 '한나'라고 하는데 모두 75세 이상이다. 이분들은 대부분 평생을 교회와 함께 사신 분들로 식당 봉사, 청소, 김장 등으로 허리가 굽었고, 새벽기도, 중보기도, 부흥회, 기도원 출입 등으로 교회를 떠난 삶은 생각해보지도 않은 분들이다.

그런데 이제는 늙어서 거동도 힘들게 되었다. 아들딸들을 목사와 전도사로 만들겠다고 호언장담하고, 또 그렇게 뜻을 이룬 분은 벌써 세상을 떠났다. 여전도회의 일을 너무 무리하게 하다가 쓰러진 부인을 10년 이상 간호했지만, 결국 부인을 먼저 떠나보낸 남편은 아내가 의식이 없었어도 살아있을 때가 더 좋았다며 외로워하는 회원도 있다. 여자 회원 중에는 남편을 먼저 보내고 혼자 살면서 하나님께 헌금을 제대로 못 해서 빚졌다고 집을 팔아 교회에 건축헌금을 하고, 지금은 반지하에 홀로 살고 있는데 원룸이나 임대 아파트를 보면 저런 집에서 한 번 살다 죽었으면 좋겠다고 하는 분도 있다.

이들이 내는 월정회비는 너무 미약하고 지금은 교회에 선교헌금도 제대로 내지 못한다. 교회 목사는 헌금할 생각을 하지 말고 친교회비로 쓰고, 교회에도 새벽기도 등 너무 열심히 해서 감기 걸리거나 넘어져 몸 다치지 않게 하라고 당부하고 있다. 그러나 회원들은 그런 말을 들을 때 쓸모없는 사람이 된 것 같다고 서운해한다. 매년 봄철에는 회원들이 꽃구경을 가는 그 날을 고대한다. 자녀들이 다 때를 맞추어 함께 나가 주지 않기 때문에 교회에서라도 버스를 내어 데리고 나가 콧바람이라도 쐬어 주면 너무 고맙다고 생각해서 지팡이를 짚고 또 허리가 굽어 잘 걷지 못해도 꼭 참여한다.

지난해에는 대전 주변을 돌았는데 몇 년 전 쌍계사의 벚꽃을 보러 갔던 것이 눈에 선하니, 올해에는 좀 멀지만, 경남 하동의 쌍계사로 가자며 베드로와 한나 선교회가 같이 가기로 결의하였다. 그때 꽃이 얼마나 탐스럽고 아름답던지 한 집사님은 자기 아내가 불편해서 따라오지 못했던 것을 후회하고 업고라도 데려올 걸 잘못 생각했다고 입버릇처럼 말하곤 했었다. 그렇듯 한 번 더 가보고 싶었던 곳이었다. 4월 4일까지가 쌍계사의 벚꽃축제 행사 기간이었기 때문에 그 날을 피해 4월 5일로 정하였다.

그런데 그날 갑자기 교회 행사가 있어 다음날로 연기하였다. 그런데 들리는 말로는 비가 와서 꽃이 많이 졌다는 것이었다. 그래서 부랴부랴 예약했던 식당도 해약하고 방향을 바꾸어 대전-전주-군산으로 도로변의 꽃구경을 하기로 하였다.

교회에 중병으로 앓고 있는 병자도 많은데 기도는 하지 않고 꼭 구경을 나가야 하느냐는 말도 있었지만, 기도는 개인적으로 어디서나 할 수 있다는 이유를 들어 30명 가까운 인원이 동원되는 약속인 만큼 강행하기로 결정하였다. 75세가 넘은 노인들이어서 걷기가 불편한 분이 많아 탐스러운 꽃들이 피어 있는 군락지라 할지라도 그곳에 풀어놓고 환성을 지르라고 하면, 그것보다도 먼저 앉을 자리부터 찾는 사람이 많다. 또 사진 찍기도 싫어한다. 쭈글쭈글한 얼굴, 자기도 보기도 싫은데 누굴 보여주느냐는 것이었다. 따라서 천천히 운전하면서 차 안에서 피어 있는 꽃구경을 하는 것이었는데 문제는 화장실이었다. 고속도로변이면 휴게실이 있는데 국도에 들어서면 공원이나 종합경기장 같은 곳을 찾아야 한다.

대전 노변의 꽃구경을 끝내고 전주동물원 벚꽃길로 인도했는데 야간개장을 하는 이곳을 전주시민들은 그렇게 좋아한다지만, 우리 회원들은 동물원 입구 근처의 벤치에 앉아 움직일 생각을 하지 않는다. 점심 후 옛 전군(전주·군산) 가도로 긴 벚꽃길을 지나 군산의 월명종합경기장의 화장실을 찾아갔는데 경기장 건물의 화장실이 다 닫혀 있어 화장실은 너무 먼 곳에 있었다. 차에 있던 사람들은, 힘들어서 그곳까지 다녀오는 분들을 기다리다가 짜증을 내기 시작했다.

교회에서도 가정에서도 사회에서도 이렇게 외면을 당하고 있는 부자유한 분들을 누가 위로해 주어야 하는가? 교회생활 열심히 하고, 죽어서 천당 간다고 좋아하는데 그곳에도 그들을 좋아하는 사람만 옹기종기 모여 있을지 걱정이다. 육체의 몸으로 묻히지만, 영의 몸으로 다시 살아나는 천당에서 반가운 친구들의 모습을 찾아내어 외로움을 달랠 수나 있을지 알 수 없다.

밖에서는 총선 계절이 되어 노인들의 기초연금을 월 30만 원씩 인상하겠다고 공약을 외치는 소리가 들린다. 또 군산종합경기장의 멋거리 광장에서는 광대 놀이를 하는 여인이 '백 세 인생' 노래를 흥겹게 불러대고 있다.

···백 세에 저 세상에서 날 데리러 오거든
좋은 날 좋은 시간에 간다고 전해라.

4년 전에도 벚꽃 놀이를 갔는데 그
중 두 사람이 벌써 세상을 떴다.

바자회에 내놓지 못하는 옷

　나는 웬만한 옷은 다 바자회에 내놓는다. 하지만 낡았거나, 내 옷이라고 내놓기 어려운 옷은 아파트의 의류 수거함에다 버린다. 그런데 내가 죽을 때까지 버리지 못하는 옷이 하나 있다. 그것은 내 박사 가운이다. 이것은 누가 갖다 쓸 수도 없고, 또 내가 입을 기회도 없는 옷이다. 지난번 대학의 총장 취임식에 대학 이사로 있는 내가 순서를 맡았기 때문에 혹 단상에 올라가는 사람은 가운을 입어야 하는지 몰라 아내더러 찾아보라 했더니, 옷은 늘 옷장에 걸려 있는데 모자가 어디에 있는지 모르겠다고 여기저기를 뒤져 겨우 찾았다. 그런데 취임식에는 취임하는 총장과 이사장만 가운을 입기로 했다고 하여 용도 폐기가 되었다.

　나는 공부를 해서 박사가 되는 것보다 박사 가운이 탐났었다. 대학 졸업식 때는 국기를 든 기수와 총장을 비롯한 대학 이사들 그리고 교수들이 모두 가운을 입고 의전 담당자의 지시를 따라 입장하고, 그 뒤로 졸업생들이 줄지어 따르는데 참석한 학부형들이 부러운 듯이 쳐다보는 모습이, 대학이 상아탑이라는 것을 다시 한 번 느끼게 하는 흐뭇함이 있었다. 그래서 나도 교수들 사이에 서서 박사 가운을 입고 입장하고 싶었다.

내가 대학에 전임으로 있을 때는 구제박사舊制博士라는 것이 있었다. 1965년까지도 우리나라에는 국내외에서 받은 박사학위 소지자가 1,000여 명 안팎이었다. 그래서 오래도록 대학 학부만 나와서 교수로 있는 분도 있었지만, 대부분이 석사학위를 가진 분이었다. 그래선지 국가에서는 교직에서 10년 이상 근무한 사람은 논문만 내고 박사학위를 받는 제도를 만들었는데 이것을 구제박사 제도라 했다. 이것은 1975년 2월까지였다. 그때까지 서둘러 6,000여 명의 박사가 무더기로 배출되었다. 이제는 박사가 아닌 교수는 대학에서 퇴출당할 위기에 처했다.

나는 1976년에 미국에 공부하러 떠났는데 어쩌면 박사 가운을 못 입고 입장식에 따라다니는 것이 부끄러워 그렇게 떠날 결심을 했는지도 모른다. 지금 가지고 있는 가운은 바로 1982년 학위를 받을 때 박사 예복을 미리 주문할 사람은 신청하라고 해서 북 텍사스 주립대학에서 졸업 한 달 전에 맞춰 입었던 것인데 졸업식 날 빼고는 별로 입은 것 같지 않다. 귀국하고 보니 박사가 흔했고 또 서로 박사라고 불리는 것을 꺼리고 자랑스럽게 입던 가운도 유치하다는 듯 안 입거나 졸업식에 불참하는 교수가 많아졌다. 박사가 되고 보니 박사 가운이 필요 없었다.

　나는 박사 논문 제출만을 남기고 미국의 시골 대학에 취직해 있었는데 그곳에서 덩치가 큰 학생들이 "닥터, 닥터" 하고 깍듯이 나를 존경해서 부를 때마다, 나는 아직 박사가 아니라고 변명하고 싶은 것을 참고 지냈다. 일 년이 지나 학생 앨범이 나오자 내가 박사가 아닌 것이 밝혀졌다. 다음 해 나는 학위를 받고 계속 가르치고 있었는데 그때는 또 학생들이 다정한 티를 내며 내 곁으로 다가와 무거운 팔을 어깨에 턱 올리며, "헤이, 미스터 오."라고 해서 '나는 미스터가 아니라 닥터야!'라고 소리치고 싶었는데 또 참았다. 그때는 박사가 되었는데 박사로 불리지 못했다. 계속 입어보지 못하고 죽을 때까지 가지고 가야 할 가운이 그래도 나는 감사하다.

　2년이 넘어, 재직한 한국 대학에서 보내 주던 생활 보조금이 끊어지자, 생활이 너무 어려워서 학위 논문을 남겨 두고는 20여 군데 전임강사 원서를 냈지만 한 곳에서도 응답이 없었다. 그런데 학기가 시작할 무렵에 텍사스의 브라운 우드에 있는 하워드 페인 대학Howard Payne University의 부총장이 면담하자는 전화를 해 왔다. 그 대학에 전임강사로 오고 싶은 생각이 없느냐는 것이었다. 나는 지도 교수와 상의해 보겠다고 말했는데 나를 써 주겠다는 것이 너무 의외였다. 나는 박사학위도 가지지 않았으며 영주권도 없는 외국인이었다. 그런데도 부총장인 케이디Cady라

는 분은 나를 초빙하였다. 뒤늦게 알았지만, 그 자리는 미국인이며 학위를 가지고 있는 분으로 결정된 자리였는데 그가 학기 초가 임박해서 갑자기 마음을 바꾸어 다른 곳으로 옮겼기 때문에 새로 모집 공고를 내기가 어려워 받아 놓은 원서 가운데 내 원서를 택했다는 것이다.

그 대학은 나에게 2년을 여유롭게 살게 해 주었으며, 영주권을 만들어 주어 나의 애들을 미국으로 데려올 수 있게 해 주었다. 큰애는 보스턴 대학Boston University을 나와 지금 퍼킨엘머PerkinElmer사에 근무하고 있으며, 둘째는 하버드를 졸업하여 플로리다 주립대University of Florida에 교수로, 또 막내는 휴렛 팩커드HP사에 근무하게 해 주었다.

이 가운은 이런 하나님의 은혜에 얽힌 많은 것을 기억하게 하며 감사하게 하는 옷이다. 용도 폐기가 되어 죽을 때까지 간직한다고 해도 나는 그 가운을 사랑하며 간직할 것이다.

내가 생각하는 기도

누구나 감당할 수 없는 위급한 경우를 당하면 대상은 다를지라도 기도를 한다. '내가 죽게 되었으니 나를 살려 주십시오.'하고 절대자에게 호소한다. 기독교인은 유일하신 하나님께 기도한다. 이런 절박한 순간에 기도의 형식이나 순서나 방법 같은 것이 있을 수 있을까? 어떤 말로든 내 속에 쌓인 감정을 토해내고 도움의 손길을 비는 것이 기도다. 그런데 기도는 아무렇게나 하는 것이 아니며 배워야 한다고 한다. 예수님께서도 제자들에게 기도는 이렇게 하라고 가르치지 않았는가? 그리고 아무렇게나 한다고 다 응답받는 것이 아니라고 한다. 정욕으로 쓰려고 잘못 구하면 응답받지 못한다고 했지 않은가(약 4:3)? 기도에는 절차가 있다고 한다. 또 성경 속에 있는 약속의 말씀을 따라 기도해야지 약속에도 없는 것을 기도한다고 이루어지는 것이 아니라고 말한다.

나는 기도를 다음과 같이 생각한다. 기도란 내 소원을 하나님께 아뢰고 그 소원이 이루어지기를 기다리는 행위이다. 아무것도 얻을 수 없다면 왜 기도하겠는가? 그러나 그 기도의 응답은 하나님의 주권 아래 있다. 어떻게 하면 기도의 응답을 받을 수가 있는가? 나는 구원을 받을 때 예수 그리스도는 내 구세주이며, 유일하신 하나님의 아들임을 고백하고 그를 내 마음 안에 받아들였다. 그래서 그분은 내 안에 들어와 살아계시는 내 아버지다. 아버지는 나를 사랑하시기 때문에 내가 왕좌에 앉아 아버지께 옹알이할 수 있다. 그러나 그것은 어렸을 때의 일이다. 내가 기도로 아버지를 임의로 부릴 수는 없다. 내가 아버지의 뜻을 알아 그 뜻에 복종하는 길이 기도의 응답을 받는 길이다. 내 안에 들어와 계시는 하나님의 뜻을 어떻게 알 수 있는가? 그분은 성경의 말씀을 통해 나에게 말씀하시고 나는 이 말씀을 묵상하고 기도함으로 헌신으로 응답한다. 이렇게 하나님과 내가 대화하는 것이 기도가 아닐까? 이제는 옹알이가 아니고, 인내로 그분을 알아가고 기도의 응답을 기다리는 것이 내가 할 일이다. 때로 나는 내 이성으로 이것은 반드시 이렇게 되는 것이 당연하다고 생각하고, 그렇게 되게 해 달라고 기도할 수 있다. 그러나 내 생각과는 달리 그 길을 인도하시는 분은 하나님이다. 그래서 내 뜻대로 되지 않은 기도를 보게 되면 하나님의 또 다른 모습을 발견하게 된다. 이렇게 하나님을 한 걸음씩 알아가는 것이다. "이 억울한 학대를 들으시옵소서.", "이 무고한 피 흘림을 보시옵소서." 하고 기도했으나, 죽기까지 응답받지 못한 영혼들이 하늘 보좌 아래서 흰 두루마기를 입고, "우리 피를 갚아주지 아니하기를 어느 때까지 하시겠습니까?" 하고 천국에서 울부짖는 모습을 계시록에서 보게 된다. 내게 옳다고 생각되는 것이 죽기까지 응답받지 못할 수도 있다. 그러나 나는 인내로 하나님의 나를 향한 목적이 이끄는 삶을 살아야 한다.

하나님께서 내 기도에 응답해 주시는 것은 내 바른 이성적 사고 때문이나, 내 바른 행위 때문이 아니다. 내가 그분의 아들이며, 그분이 나를 사랑하시기 때문이다. 따라서 기도의 응답은 주의 은혜다. 나는 어떠한 응답에도 감사할 뿐이다. 두렵고 떨림으로 주를 찬양하고, 나의 죄를 고백하며 감사의 기도를 드릴 뿐이다. 이 받은 은혜를 다른 사람에게 나누어 주지 않으면 그것도 죄다. 구원받지 못한 사람들에게 은혜를 나누어 주어야 한다. 이것이 참 중보기도仲保祈禱: intercession다.

필립 얀시의 『Vanishing Grace하나님, 은혜가 사라졌어요』에 보면, 그는 그의 교회에서 원수를 사랑하라는 설교를 하면서 '미국의 모든 교회들이 알카에다 전사 중 한 명씩을 택하여 그의 이름을 발음하는 법을 배우고, 그를 위해 기도한다면 어떤 일이 일어나겠습니까?'라고 질문한 일이 있었는데 이 설교를 들었던 한 육군 예비군 부대의 군목이 이 권고를 진지하게 듣고, 그가 일 년 동안의 임무 수행을 위해 이라크로 동원되기 직전에 ATFP. org(ATFP는 Adopt a Terrorist for Prayer의 약자)라는 웹 사이트를 개설했는데 그곳에는 '네 원수를 사랑하라. 그러면 네 원수들이 너를 죽일 것이다.' 등의 댓글도 있었지만, 수천 명의 방문자가 기도할 대상자들을 택했다고 한다. 그들은 하나님을 모르는 사람들을 위해 그들과 하나님 사이에 서서 하나님께 고하여 은혜를 나누어주는 일을 한 것이다.

기도란 응답받은 것을 하나님의 은혜로 여기며 하나님이 명하시면 구원받지 못한 사람에게 은혜를 나누는 행위까지 하는 것이라고 생각한다.

사순절

사순절은 부활절 전까지 주일을 뺀 40일 동안을 말한다. AD 325년 니케아 종교회의에서 춘분이 지나고 만월이 된 후 첫 주일을 부활주일로 지키도록 결정하게 되므로 2016년 부활절은 3월 27일이 된다. 따라서 사순절이 시작되는 첫날(재의 수요일)은 2월 10일 구정이 끝나는 마지막 날이다.

교회마다 사순절 절기 행사를 준비한다, 성탄절처럼 요란하지는 않지만 '은총의 사순절 특별 새벽기도회' 등을 하고 있다. 이 기간에 그리스도의 삶, 십자가의 고난, 부활 등을 생각하며 근신하고 회개하는 깊이에 따라 은총의 깊이가 달라진다고 한다. 그런데 날이 갈수록 교인들의 특새(특별 새벽기도) 참여자 수가 줄어든다. 평소에 새벽기도에 안 나왔던 교인들이라도 이런 절기만은 나와서 기도하면 신앙의 깊이가 생기고 예수님께 가까워지는 계기가 될 텐데 교인들은 영적인 성장에는 관심이 없는 것 같다. 참석만 해주어도 될 것 같은데 전혀 모이기에 힘쓰지 않는다. 어떤 대형교회에서는 40쪽짜리 퍼즐 게임판을 주문해서 새벽기도에 참석하는 사람들에게만 매일 한쪽씩을 준다. 40일 새벽기도회를 완주하면 그 그림이 완성되는 것이다. 40일 동안 인내심을 가지고 규칙생활을 해냈다는 기쁨을 맛보게 하기 위해서다. 한번 익힌 규칙생활은 또 다른 규칙생활을 유도한다. 그래서 변화된 삶을 살 수도 있는 것이 아닐까 하는 생각에서 만들어진 행사다.

자력으로 퍼즐을 주문할 수 없는 교회는 유치하지만, 새벽기도를 결신한 교인들의 이름을 기도실 문 앞에 붙이고 40일 동안 매일 참석한 날만큼 별을 붙이게 한다. 그런데 이것은 결신하지 않은 사람을 부끄럽게 하며, 또 열심히 참석한 사람은 자만심이 생겨서 중직자가 사순절 기도회도 나오지 않는다고 비난도 하고, 또 규례와 명령과 법도를 잘 지키는 정도로 신앙의 척도로 삼으려는 잘못된 생각을 하게 할 수도 있다.

실제로 새벽기도, 십일조, 주일성수 등으로 장로나 권사 후보자를 선정하는 교회도 생기고 있다. 이는 예수님의 생명의 성령의 법에 어긋난 일이다. 예수님은 이런 비본질적인 율법에 얽매인 바리새인이나 율법학자들을 질타하셨다. 유교사상도 본질보다는 형식만 남아 나라를 망치는 우를 범하였다.

예수님은 인류를 구원하시기 위해 하나님의 본체이셨으나, 이를 버리고 지상으로 내려오시어 인간으로 종이 되시고 죽기까지 복종하셨다. 그래서 사순절 기간은 우리가 그의 낮아짐과 순종과 자기를 버리는 삶을 묵상하고 그의 부활을 기다리는 기간이다. 그러나 아무리 새벽기도를 열심히 해도, 40일 금식을 해도, 아무리 자기를 죽이는 고행을 해도 주님을 따를 수는 없다. 예수님께서는 겟세마네 동산에서 기도하실 때 땀이 땅에 떨어질 때 핏방울처럼 되기까지 기도하셨는데 돌아와 보니 제자들은 잠을 이기지 못해 자고 있었다. 인간은 그렇게 약한 존재다. 그때 예수님은 시험에 들지 않게 일어나 기도하라고 당부하실 뿐이었다. 주님께서 원하시는 것은 엄격한 규율을 지키는 것이 아니라 주님을 이해하는 일이다.

인터넷에서 사순절 기간에 묵상하는 글들을 읽었는데 외국인들의 글에서 이런 것을 발견했다.

오후의 간식을 포기하자.

저녁때는 한 시간 동안 스마트 폰을 꺼놓자.

얼마 동안 커피나 초콜릿 등 기호 식품을 삼가자.

이것은 뜨거운 믿음을 가진 사람에게 너무 미지근한 권고를 하고 있는 것 같다. 그러나 자세히 생각해보면 이것은 남을 강요하는 것이 아니고, 자기의 나쁜 버릇을 버리는 습관을 남에게 공개하는 것뿐이다. 한국 사람은 고춧가루 정신이 있다. 그래서 미지근한 것은 싫어한다. 금연 광고도 '후두암 1㎎ 주세요, 폐암 하나 주세요, 뇌졸중 두 갑 주세요.'라고 한다. 그러나 이것은 흡연하지 않은 사람이 흡연하는 사람의 건강을 걱정하는 체하면서 만든 광고이다. 예수님이라면 금연이 잘 안 되는 흡연자에게 이런 상처를 주는 권고는 하지 않았으리라는 생각을 한다. 사순절은 남에게 버리라고 강요하는 기간이 아니고 자기 것을 버리는 연습을 하는 기간이다.

크리스마스 카드

연말연시가 되면 옛날엔 크리스마스 카드와 연하장이 너무 많이 와서 이런 허례허식 좀 버렸으면 좋겠다고 생각한 적이 있었다. 오는 카드를 다 진열해 놓을 수가 없어서 빨랫줄처럼 벽에 이중 삼중으로 줄을 치고 걸어 놓은 적도 있다. 그런데 지금은 내가 은퇴한 탓도 있겠지만, 이메일이나 카톡 등 간단한 통신매체를 통해 소식을 전하고 말기 때문에 자연 카드를 보내는 일이 줄어진 것 같다. 일본 유학생 중에 근하신년謹賀新年이 한국에서 주로 쓰는 새해 인사말인 줄 알았는데 일본에 가니 이 글을 더 많이 쓰고 있더라는 말을 들었다. 내가 보기로는 우리나라 사람들은 감사하다는 말도 인색하지만, 연하장으로 새해 인사를 주고받는 민족들이 아니라고 생각한다. 가난하고 핍박받는 민초들이 많아서 그런 인사하고 지낼 처지가 아니었기 때문이다. 아마 우리는 일본의 한국강점기에 우정국이 생기고 신문을 발간하게 되자, 일본인을 본받아 '근하신년'이라는 광고를 신문에 내고 또 연하엽서들을 만들어 일본인들이 하는 일들을 본받아 새해 인사를 하기 시작한 것이 아닌가 생각한다. 사실 일본에서는 연하카드가 너무 많아서 연말연시에 연하장을 10억 장이나 찍는다는 말도 있다.

매년 내게 제일 먼저 크리스마스 카드를 보내 주는 분은 실로암 안과병원의 김선태 목사님이다. 그리고 다음은 내 고등학교 때의 제자 이숙자 권사, 그리고 지금도 미국에서 꾸준히 카드를 보내 주는 고등학교 때의 제자 목사 사모가 있다. 다음은 기관에서 의례적으로 보내는 문안카드 등이다. 나도 요즘은 파워포인트Power Point로 일 년을 돌아보는 사진을 편집해서 보내고 거

기에 간단한 크리스마스 메시지를 첨부한다. 그런데 이것은 오랫동안 문안도 드리지 못했던 분들에게 내가 아직 살아있다는 것을 알리는 인사일 뿐 사적인 애정이 전혀 담겨 있지 못한 것이었다. 안 믿는 사람에게 크리스마스 카드를 보내면 복된 말씀을 전하는 전도가 되고, 지친 일선 군인에게는 힘이 되며, 입원 환자에게는 위로가 된다는데 그런 것과는 거리가 멀다. 이런 카드를 올해에도 보내야 하는가?

나는 지금까지 수십 년 동안 받은 크리스마스 카드를 다시 뒤져서 그 내용들을 읽어 보았다. 제일 많이 보내 준 사람은 하와이에서 사귄 릴리안Lillian이라는 여인이다. 1966년에 하와이 대학의 EWC에 다니는 동안 만난 사람인데 매주 교회에 차편을 제공하고 성가대를 같이 했으며 크리스마스 때

왼쪽이 릴리안

는 와이키키 해변의 일리카이 호텔에서 메시아의 할렐루야 합창도 했었다. 내가 귀국 후 1970년 초에 그녀가 한국을 방문했을

때는 길도 좋지 않아 터덜거리는 도로로 버스를 타고 경주의 불국사를 방문하고 산길을 올라 석굴암까지 갔었다. 그러나 지금 (89세)은 성가대는 하지만 신장이 안 좋아 자유롭지 않다고 한다. 다섯 살 밑인 우리도 힘들어 우리가 하와이에 갈 수도 없고, 그녀가 우리에게 오기도 힘들다. 그러나 주님의 사랑이 그 편지 안에는 있었다.

두 번째로 많이 편지를 보내 준 이는 하와이에서 나와 한방을 쓰던 데이비드다. 당시 그는 총각이었는데 같이 EWC에 있던 일본 처녀와 결혼해서 지금은 미시건 주에서 살고 있다. 1966년부터 알고 지냈으니 50년 지기이다. 지난번 보스턴 아들 집에 갔더니 디트로이트Detroit 공항까지만 오면 자기가 모든 것을 책임지겠다고 이스트 랜싱East Lansing에서 디트로이트까지의 왕복 차편과 자기 집 곁에 있는 호텔 'Hampton Inn'에 묵게 해 주었던 친구다. 나이는 여섯 살 아래지만, 그의 아내는 일본인으로 미국에서는 소수민족이다. 세계 제2차 대전 때는 일본인은 다 아이다호Idaho 주에 연금되었었다. 그때는 포로처럼 지냈지만, 지금은 소수민족으로 미국에 무엇인가 기여를 해야 한다고 그의 아내는 후손들에게 장학금을 주며 살고 있다. 그는 크리스마스 카드를 보내면 반드시 A4 용지 하나에 가득 그의 사연을 써서 보낸다. 언제든 놀러 오면 온 가족이 다 와도 환영하겠다고 말하며. 거기서도 나는 주님이 그들을 통해 나를 이렇게 사랑하신다고 느낀다.

그 밖에도 나에게 크리스마스 카드를 보내온 사람 중에는 세상을 뜬 사람도 많다. 1980년도 초에 내가 학위과정에 있을 때 같이 와 있던 학생이 학위를 마치고 귀국해서 교수가 되어 대학에서 교편을 잡고 있었는데 은퇴 후 최근 연락이 되어 같이 점심을 먹자고 약속했는데 그 교수의 크리스마스 카드도 발견했다. 함께 성경공부를 했으며 교회도 같이 다녔던 동료다. 그때 카드에 담긴 사랑이 지금까지 계속된 것도 감사하다.

나도 공적인 인사말이 아니고 올해에는 몇 장이 안 되더라도 사적인 정성이 담긴 크리스마스 카드를 보내야겠다고 생각한다.

내가 다닌 대전대학

　현재의 한남대학교는 초창기에는 대전대학이었고, 숭실대학과 합해서는 숭전대학, 그리고 후에 분리해서는 한남대학이 되었다. 나는 초창기의 대전대학에 1963년 3학년에 편입하였다. 이 대학은 미국 남장로교 선교부에서 세운 대학으로 영문과, 화학과, 수·물과 그리고 전국에서 하나밖에 없는 성문과Sacred Literature로 되어 있었었다. 내가 들어간 수·물과는 학생이 네 명인데 소속 교수는 5명이나 되었다. 그래서 한 사람이라도 수업에 빠지면 1/4이 빠지게 되어 수업에 빠질 수가 없었다. 그런 데다 한 사람은 성적 장학금, 또 한 사람은 실험조교로 일하고 있어, 등록금을 제대로 내고 다니는 학생은 두 사람뿐이었다. 이 대학은 전혀 내가 예상하지 못했던 곳이었다. 학생들이 모두 세례교인이었고, 매일 아침 8시에 20분씩 채플을 보고 있었다. 또 나는 편입했기 때문에 졸업에 필요한 필수과목인 성서 과목을 2년에

압축하여 수강해야 했다. 따라서 신·구약 개론, 선지론, 바울서신, 일반서신, 성서지혜문학, 성서계시문학, 교회사 등을 다 필수과목으로 18학점을 이수해야 했다. 이 대학은 나에게는 신학교와 마찬가지였다.

1965년 당시의 대전대학 캠퍼스

이 대학은 미국 남장로교 선교부 고등교육국에서 오랜 고민 끝에 세운 대학이었다. 남장로교 선교사들이 우리나라의 충청·호남 지역을 맡아 선교해 왔는데 그들은 이 지방에 교육, 의료, 선교사업을 동시에 해 왔다. 그런데 각 지방에 중·고등학교를 세워 미션 학교의 세력이 커지자, 이제는 신앙으로 길러 고등학교를 마친 학생들이 비기독교 대학으로 가지 않도록 하기 위해 기독교 대학을 세워주기를 미국 남장로교 선교부에 간청했다.

따라서 이 대학은 기독교 지도자를 기르기 위해 세운 작은 규모의 대학이었다. 1954년 5월 6일 남장로교 전후 2차 정기총회가 전주에서 열렸는데 그때 대학의 위치 선정이 있었다. 후보지 전주, 광주, 순천, 대전, 이 네 후보지를 놓고 투표를 했는데 투표 방법은 하나씩 후보지를 탈락시키는 방법이었다고 한다. 첫번째 순천이 탈락하고 다음 전주가 탈락하였다. 그런데 결선 투표는 하룻밤을 자고, 두 후보지 대전과 광주를 두고 기도한 뒤 다시 모여 투표했다.

그런데 그때까지 선교지회도 제대로 갖추지 못한 대전이 후보지로 결정되었다. 허허벌판인 오정골에 대학의 건물이 세워질 때 시민들은 큰 기대를 했고, 미국과 똑같은 선진 교육기관이 이 지방에 세워진다고 즐거워했다고 한다. 그러나 막상 대학이 세워지고 학생 모집을 하게 되자, 그들은 실망하였다. 대학 입학 자격이 세례교인이었기 때문이었다.

나는 이렇게 특별한 방법으로 위치를 선정하고 특수 목적 아래 세워진 대학에서 기독교인으로 성장하였다. 이 대학에 나를 데려온 한미성 교수는 광주지역과 협력하여 대전에 UBFUniversity Bible Fellowship를 창설해서 대학생들의 성경연구모임을 시작하고 있었다. 그래서 나는 학생들을 전도하여 성경공부를 주선하고, 시내에는 역전에 있던 대우당약국 뒤편에 이층집을 세내어 학생들의 활동본부로 삼았다. 나는 그곳을 음악 감상실로 만들어 헨델의 메시아 전곡을 틀어주는 등 디스크자키 노릇도 해야 했다. 선교부 장학금으로 도미하려는 많은 목사들이 이곳에 와서 영어로 성경공부도 하였다. 나는 한미성 선교사의 조교였으므로 당연히 그들을 도와야 했다. 또 겨울방학 동안에는 학생들을 모아 대학생 수련회도 했는데 나는 그분이 준 돈 36,000원으로 이를 주도해서 리더들을 데리고 수련회 준비기도회를 했다. 이 돈은 내 생활비가 한 달에 2,000원인 것에 비하면 큰돈이었다. 이를 위해 2박 3일의 준비기도회를 마치고 끝으로 돌림기도를 했는데 이를 마치고 나면 기도시간이 두 시간도 더 걸려서 한밤중이었다. 나도 이렇게 긴 기도는 해 본 일이 없었는데 그때 충남대학에 재학하던 초심자인 한 리더는 어떠했겠는가? 그는 준비기도에 질렸는지 그 뒤로는 나타나지도 않았다. 광주에 있는 배사라Sarah Barry 선교사를 돕고 있던 UBF 지도자 이강도사는 신학을 마친 분으로 오토바이를 타고 대학 캠퍼스를 누비고 다니며 학생들을 모집하여 100여 명이 넘었다는데 우리는 겨우 10여 명이 넘은 정도였다. 그는 대학생들에게 절대 울지 말라고 했다 한다. 울면 카타르시스가 되어 의지가 약해진다는 것이다. 나도 이 말을 듣고 울고 싶을 때도 울음을 삼키며, 하나님이 나에게 맡긴 청지기 사명을 다 하려고 기를 썼다. 후에 생각하니 참 하나님은 이상한 방법으로 나를 훈련을 시키셨다는 생각을 한다.

　나는 이렇게 의무적으로 채플에 참여하고, 성경학점을 따고, 대학생들을 전도하여 UBF에 참석하게 하고, 수련회 인도를 하는 등 2년 동안에 기독교인이 되는 집중훈련을 받았다.

제3부두

　이것은 오랜 옛날의 이야기다. 광복 이후 일본인 교사가 중·고등학교에서 물러난 후 특히 수학·물리를 가르칠 교원의 부족을 느끼자 국가는 대학에 부설로 2년제 중등교원양성소라는 것을 개설하였다. 나는 그곳에 1953년 입학하였다. 정확히 말하면 그 명칭은 전남대학교 부설 중등교원양성소였다. 소장은 전남대학 총장이었고 교수들은 대학에 출강한 강사들이었다. 그중에 국어에 김현승, 수학에 하광철 등 쟁쟁한 분들도 있었다. 이상하게도 이 양성소는 내가 들어가기 한 해 전에 생겼고, 내가 졸업할 때 이 학교는 후배도 뽑지 않고 문을 닫았다. 꼭 3년 동안만 존재했던 학교이어서 이곳은 마치 나를 위해 만들었다가 없앤 '빤짝 대학' 같다는 생각이 들기도 한 곳이다. 그런데 여기서 나는 겪을 것은 다 겪었다. 당시 대학마다 있었던 학도호국단은 군사훈련을 제대로 하지 않는다는 이유로 대학생들은 일제히 군에

입대시켜 정식훈련을 마치게 한 다음에 예비역으로 편입시켜 다시 대학에 복귀시킨 일이 있었는데 그 첫 번째 시도가 1954년 7월부터 9월까지 3개월간 논산 훈련소에서 시행되었다. 이들에게 주어진 특수 군번이 so 군번인데 후에 흔히 so를 빼고 00으로 시작하는 '빵빵' 군번이라고 부른다. 나는 제1기 학도특별군사훈련생으로서 간부후보생 전반기 훈련을 수료했다는 수료증서와 함께 보병학교장 서종철 준장이 수여한 제대증을 가지고 학교에 복교했다. 이때 내 군번은 'so000006번'이었다. 즉, 1기생인 나는 6번째의 우수한 성적으로 예편되었다는 뜻이다. 나는 1학년을 마치고 예비역으로 편입되어 2학년으로 올라가 학교를 마치고 졸업했는데 곧장 소집영장이 나와 군에 입대할 수밖에 없었다. 이것은 예편시켰을 때 국가에서 처음 약속했던 것과는 다른 것이었다.

중등학교 교사를 하고 싶어서 이 학교에 들어와 수학교사자격증은 받았지만, 재수가 없어서 군에 입대해야 했다. 이때 두 가지 선택이 있었는데 하나는 우리는 전반기 간부후보생 훈련을 마쳤으니 후반기 훈련을 마치고 장교로 입대하든지, 아니면 바로 사병으로 입대하는 일이었다. 장교로 입대한 사람들은 얼마 동안은 편한 군대생활을 했지만, 육군사관생도들에게 많은 푸

대접을 받았고 또 진급도 제대로 하지 못했다. 나는 당시에 사병을 지원했었다.

논산훈련소에서 부대 배치를 기다리고 있었는데 거기서 나는 일 개월은 더 기다렸을 것이다. 전·후방 배치 명령이 떨어지면 전방으로 배치된 자가 바로 집으로 연락해서 돈과 고급 장성의 힘으로 전·후방 배치를 바꾸어 놓았다. 이런 엎치락뒤치락을 몇 번 겪은 뒤에 구경만 하던 나는 후방으로 배치되고 다시 부산의 제3항만사령부로 발령이 났다. 당시 그곳은 후방 중에서도 가장 나쁜 곳이어서 떠나기까지 불쌍하다고 불침번을 면제해 주기도 했다.

제3항만사령부는 지금의 국군수송사령부의 모체로 1954년 제2관구 소속으로 부산에 창설된 부대였다. 6·25 사변이 일어나자, 미국에서 보내온 군수물자를 받아 병참, 병기, 의무 기지사령부 등에 보내, 이를 다시 일선으로 보내도록 하는 업무를 수행하는 곳이었다. 물자가 부산항에 도착하면 한국 측 인수자가 나가 미군 측과 함께 인수인계를 하는 장부tally를 만들어 상호 서명하고 교환해야 인수인계 업무가 끝나는 것인데 당시는 대학을 나온 사병들이 없어서 영어를 쓰는 것이 아니라, 그리는 수준이었기 때문에 시간이 너무 걸려 화물貨物을 수송해 온 배는 먼 바다에 떠서 항구에 들어오지 못해 기다려야 했고, 일선에 보낼 군수물자는 너무 급해 미군 측에서 쓴 탤리만 일방적으로 받고 물자를 받아 일선에 보냈기 때문에 그때까지 끝내지 못한

인수인계 서류작업을 마무리하기 위해 대학졸업자가 많이 필요했던 곳이었다. 그런데 이곳이 어렵다는 것은 그때도 약속된 화물이 들어오고 있어 주·야간으로 작업하였는데 담당자는 부두에 나가 하역작업을 하는 배 앞에 서서 체커checker: 검사원로서 텔리를 작성해야 했기 때문이다.

사령부에 도착했던 우리는 일렬로 정렬해서 사령관 특별보좌관의 훈시를 받아야 했다. 그는 우리더러 영어 할 수 있는 사람은 손을 들라는 것이었다. 대학졸업생으로 영어 못하는 사람이 어디 있겠는가? 그런데 모두들 눈치를 보며 손들기를 주저하고 있었다. 나는 무모하게 손을 들었다. 고생하더라도 군에서 영어 공부라도 할 수 있다면 보람 있는 일이라고 생각했기 때문이다. 결과는 나와 함께 손을 들었던 사람은 사령관실 소속으로 남게 되었다. 그때 우리의 사명은 부두에 나가 군수물자를 훔쳐가는 사람을 적발해서 직접 부관에게 보고하는 것이었다. 부두에서는 계속 도난사고가 일어나는데 감독관이나 검수원에게서 보고가 안 들어오고 중도에 무마되어 버린다는 것이다. 일조점호, 조회하기식, 일석점호, 변소청소, 내무사열 등이 없이 밤낮없이 외출하는 편한 군대생활이었다. 그곳에서 내가 주로 나갔던 근무지는 '제3부두'였다. 이것은 또한 내가 제대하고 신춘문예에 투고하여 당선된 소설의 제목이기도 하다.

내가 어떻게 소설에 당선되어 작가가 될 수 있었는가? 나는 국문학을 전공한 것도 아니고 국문과를 기웃거리며 소설창작법이나 현대문학이론 등을 청강한 일도 없다. 내가 『제3부두』에서 보고 듣고 느낀 것을 쓴 것뿐인데 당선이 된 것이다. 당시 심사위원은 황순원, 박화성, 이무영 선생이었다. 심사평은 『제3부두』가 당선작으로서 뚜렷한 '새것'을 갖고 있다고는 생각하지 않았지만, 이만한 문장력과 저력이 있다면 충분히 자기 길을 개척해 나갈 수 있으리라는 데 합의를 보았다. 우리는 완전무결한 작품도 좋지만, 대성할 수 있는 작가를 찾아내는 것도 우리의 임무의 하나라고 생각하기 때문이다.'라는 것이었다.

　나는 당선 뒤에도 외로웠다. 동창도 친구도 문학 하는 사람이 없었기 때문이었다. 발표할 지면도 없었다. 현대문학사에 찾아가 편집을 맡고 있는 박재삼 시인을 만나는 것이 고작이었다. 그러나 1960년 1월 첫 작품 『해고解雇』를 현대문학에 발표했을 때 백철 선생께서 동아일보에 '다시 인간 조건에 실망'이라는 주제로 내 작품을 평해 준 것이다. 당시에는 각종 문예지에 발표한 작품을 '1월의 작품 베스트 순위' 등의 타이틀로 일간지에 소개해 주고 있었다. 그 덕으로 현대문학에는 가끔 소설을 올렸었다. 그러나 생각해보면 하나님께서는 나를 너무 빨리 광야로 불러서 시련을 받게 하신 것 같다는 생각을 한다. 아무도 아는 곳이 없는 광야로 나를 보내셨는데 나는 버틸 힘이 없어 수학을 가르치는 일을 주로 하게 된 것 같다.

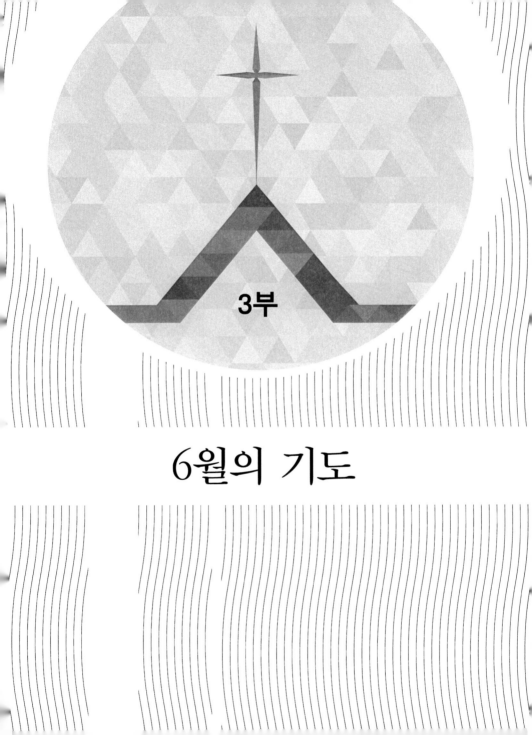

3부

6월의 기도

김준곤 목사를 추모한다

올해 9월 29일은 김준곤 목사가 돌아가신 7주기이다. 작년 제6주기 추모식 및 '민족 복음화의 꿈' 기념비 제막식은 10월 2일 오전 서울 종로구 부암동 C.C.C. 본부에서 열렸다. 지금은 그의 꿈이 비석에 새겨져 문자로 화석화 되었지만, 이 비석을 와서 보는 사람마다 그 문자가 다시 살아나와 성령의 폭발을 일으켰던 '엑스플로 74'의 역사를 재현해서 270만의 개신교인이 1,000만이 되었던 그런 복음화의 불씨가 한 번 더 살아나기를 기원한다.

나는 대전에 있는 한남대학교에서 C.C.C.의 지도교수로 대전의 진공열 대표 간사와 함께 지도자 세미나나 참석하며 방관자 같은 삶을 살았다. 그러나 나는 '엑스플로 74' 행사를 보고 큰 감명을 받았다. 그 뒤 바로 미국에 학위과정을 하러 갔는데 내가 장로로 시무하는 댈러스 빛내리교회(당시 댈러스장로교회)에 김 목사를 강사로 초빙하여(1983.5.26.~29.) 큰 은혜를 받은 것은 행운이었다. 생각해보면 내 주변에는 김 목사와 가까웠던 많은 분들이 있었다. 미주 홀리클럽 회장으로 있는 L.A.의 김경수(치과 의사) 장로는 내 처조카이며, 그의 부인 노경자 권사는 김 목사의 비서 출신이다. 또한, 댈러스교회에 전도사로 와 있던(1986~1998) 김은자 전도사도 김 목사의 비서였다. 그녀가 순출판사에서 목사님 제자들의 글을 모아 『나와 김준곤 목사 그리고 C.C.C』라는 책을 출판하려고 할 때 내가 그녀의 글을 윤문해 준 일이 있다. 그런데 어찌 된 영문인지 그녀의 원고는 실리지 않아 매우 섭섭하였다. 또 내 사위 김성종 장로는 순천지구 나사렛으로 그의 부친 김용환 장로가 팔순을 맞았을 때 순천지구 나사렛형제들이 김 목사를 초청한 일이 있었다. 김 장로는 순천의 C.C.C. 회관의 대지를 기증했을 뿐 아니라, 그 뒤로도 나사렛형제들의 활동을 오랫동안 적극적으로 도왔기 때문이다. 큰일로 너무 바쁜

몸인 김 목사가 소천 되기 11개월 전에 허약한 몸으로 서울에서 순천까지 한 마리 양인 동지를 사랑하는 마음으로 와 준 그 인정을 잊을 수 없다.

'엑스플로 74'때 외국인 전도요원 삼천여 명의 총지도자였던 닐스 베커Nils W. Becker 목사가 쓴 『Fireseeds from Korea to the World한국에서 세계로 퍼진 불씨』라는 책을 나는 뒤늦게 사위를 통해 보게 되었다. 거기에 보면 김 목사가 6·25 때 부인과 딸을 데리고 고향인 신안군 지도면으로 피난해서 공산주의자로부터 아버지와 아내가 곤봉과 죽창으로 사살당하는 것을 목격하고 자기도 죽을 고비를 넘기고 살아난 이야기가 나온다. 살아난 뒤에 김 목사는 원수를 갚으려는 증오심으로 가득했었지만, 예수님이 십자가에 돌아가심으로 자기도 구원의 은혜를 입은 것을 깨닫고, 공산주의자인 마을 지도자에게 복음을 전하러 갔다는 이야기가 나온다. 그의 간절한 진심 때문에 공산주의 지도자는 눈물로 회개하고 예수를 영접했다. 그런데 얼마 후 토벌군 300명과 함께 국군 장교가 상륙했다. 이번에는 피해 가족들이 원수를 갚겠다고 아우성이었다. 김 목사는 공산당원들을 용서하라고 호소하였다. 그러자 가족을 잃고 분노한 주민들은 김 목사도 공산주의자라고 비난하며 그를 처형하라고 소리 질렀다. 전 생애를 통해 머릿속엔 '민족 복음화'가 전부였던 그는 처음엔 공산주의자들 때문에 죽을 뻔했는데 이번에는 반공자유진영 군중 때문에 죽음에 직면한 것이었다.

김 목사는 후에 독재정권과의 유착 때문에 많은 비난을 받았다. 그러나 그가 어머니처럼 '하나밖에 없는 우리 민족'의 복음화를 위해 1958년 한국대학생선교회를 설립했다. 그런 뒤에 대통령 조찬기도회(후에 국가조찬기도회, 1966년)를 통해 박정희 대통령과 친분을 갖지 않았다면 전군신자화운동(1969년)으로 군부대마다 군목을 두고 일선에 있는 군인들을 그리스도의 정신으로 무장하지 못했을 것이다.

특히 민중들의 대규모 집회를 가장 두려워하던 독재정권 하에서 외국인을 포함한 32만 명의 전도요원훈련과 100만 명이 넘는 밤 집회를 여의도 광장에서 해낼 수 없었을 것은 분명하다. '엑스플로 74'(1974.8.13.~8.18.) 기간 중 8·15 경축식 때 육영수 여사의 피격사건이 있던 비상사태 속에 이 집회를 은혜 속에 어떻게 마칠 수 있었겠는가? 이 '엑스플로 74'는 국내외가 놀란 기적이었으며, 우리나라에서는 1907년 평양 대부흥 이래 최초의 가장 큰 성령 폭발이었다. 이때를 기해서 놀라운 교회 성장이 있었던 것은 통계 숫자가 말해 주고 있다.

김 목사는 그동안 많은 부정적인 비판을 받아왔지만, 세상에서는 목적을 성취하기 위해서는 적과 동침할 수도 있다. 물론 신앙의 세계에서는 하나님의 의를 드러내기 위해서라고 하여 불의의 방법을 용인해야 한다고 할 수는 없다. 그러나 인간은 하나님 앞에 모두 죄인이며 의롭다고 자고自高할 수 없다. 죄인이 어떻게 죄인을 심판할 수 있겠는가? 모두 죽어 하나님의 심판대 앞에 서야 한다. 김 목사는 신촌의 세브란스병원에서 29일 11시 11분에 소천했는데 무의식중에도 기독교인이 좋아하는 완전수인 12시 12분에 눈을 감고 싶었을 것이라고 나는 생각한다. 그래서 죽어 주님 앞에 서면 미안해서 분부하신 것을 온전히 이루지 못하고 왔다고 머리를 숙이고 속죄할 것 같은 생각이 든다. 그럼 주께서 그를 찢고, 치는 일만 하지 않고 측은한 생각으로 '착하고 충성된 종아, 내가 네 마음을 안다.'라고 하시지 않을까 하고 생각해본다.

그에 대한 아쉬운 마음에 비서로 수고했던 김은자 전도사의 회고를 여기에 올린다.

C.C.C. 간사가 되어서였습니다. 제가 모시고 바라보는 목사님은 항상 마음속에 주님이 가득 채워져 있는 것 같았습니다. 마치 그리스도가 연인인 것처럼 주님을 뜨겁게 사랑하셨는데 자나 깨나 앉으나 서나 주님 생각뿐이셨습니다. 그분을 뵈면 '민족의 가슴마다 피 묻은 그리스도를 심어 이 땅에 그리스도의 성령의 계절이 임하게 하자.'고 예수, 혁명, 성령의 제3폭발을 외치는 모습이 눈에 선하였습니다. 목사님은 차를 타고 가실 때나, 회의하실 때나, 또 누구를

만나 담화를 하실 때도 자주 수첩을 꺼내어 무엇인가 기록하시었는데 이것은 그분이 민족 복음화를 위해 늘 기도하시던 중 주님으로부터 귀한 음성을 들을 때마다 메모해 놓으시는 습관인 것을 뒤늦게 알게 되었습니다. 그분의 설교에 영력이 있는 것도 이때 들었던 주님의 음성이 우리에게 들려오기 때문이 아닌가 생각됩니다. 지금도 그분을 생각할 때 가장 많이 떠오르는 것은 그분이 묵상하시고 기도하시던 모습입니다. 무슨 일이 있으면 자리를 떠나 산으로 가시든가 조용한 곳을 찾으셨습니다. 우리 간사들을 훈련하실 때 언제나 강조하셨던 것은 '성령보다 앞서지 말고, 기도보다 앞서지 말라!'는 것이었습니다. '엑스플로 74', 민족 복음화 운동을 계획하시면서 너무나 많은 장벽들과 사탄의 방해가 주님의 사역을 가로막는 것을 아시고, 전국 간사들을 서울로 불러 교외로 인도하셨습니다. 그리고는 모든 간사들에게 이 대회에 대해 염려되는 일, 안될 것이라고 생각하는 일, 사탄의 방해 등 생각나는 대로 말하라고 하시고, 한 간사에게 그것을 모두 받아쓰게 하셨습니다. 처음에는 아무도 입을 열지 못하였으나 누군가가 '3백 명 숙식도 어려운데 30만 명의 숙식은 절대로 안 됩니다.'라고 말하기 시작하자, 여기저기서 '여름인데 전염병이 돌면 누가 책임집니까?', '교통사고가 안 난다고 할 수 없습니다.' 등 제 기억으로는 그때 가장 문제가 되는 부정적인 제목은 75가지나 되었다고 기억됩니다. 이때 목사님은 이 문제들을 하나하나 읽으신 뒤 여러 간사들에게 물으셨습니다.

"하나님께서는 이 문제들을 해결하실 수 있다고 생각하는가, 없다고 생각하는가?"

전능하신 하나님을 믿는다고 평소에 고백해 왔던 우리는 아무 대답도 못 하였습니다. 그러나 아무도 그 집회를 성공적으로 치를 것이라고 확신하고 있는 사람도 없는 것 같았습니다. 목사님은 우리를 한번 돌아보신 뒤 이 문제를 두고 기도하자고 말씀하셨습니다. 한 문제를 읽고 통성 기도하고 또 한 문제를 두고 기도하고… 우리는 이렇게 중간에 힘들면 찬송을 불러가며 끝까지 기도했습니다. 얼마나 오래 기도했는지 아마 밤을 새운 것으로 기억됩니다.

그리고 나서도 좀처럼 사탄의 방해가 줄지 않자, 40일 금식기도를 선포하시고 희망하는 간사들은 동참하시기를 권하셨습니다. 찬송, 성경 읽기, 기도, 운동, 휴식 등을 섞어 가며 따라온 간사들을 격려하시며 금식기도를 하시는 모습은 눈물겨울 정도였습니다. 이렇게 정성을 들여 준비하며 기도하시는 모습을 볼 때 하나님께서는 분명 이 기도를 들어주실 것이라는 확신까지도 우리에게 주셨습니다.

정말 하나님은 미쁘시고 신실하셨습니다. 걱정한 문제가 생기지 않도록 해 달라고 기도했던 75가지 제목에 다 긍정적인 응답을 해 주셨습니다. 들어주시지 않았다고 생각되는 단 한 가지는 행사의 둘째 날, 8월 15일, 해방기념 예배의 준비를 하고 있을 때, 비가 오기 시작한 일입니다. 기자들은 비가 멎을 기세가 없이 점차 심해지자, 저녁집회를 취소해야 하지 않느냐고 확답을 하라고 성화였습니다. 그러나 목사님은 계속 기도만 하고 계셨습니다. 그리고는 집회는 중단되지 않을 것이라고 발표했습니다. 기자들은 분명 큰 사고가 날 것이라고 말하며 돌아갔습니다. 우리는 초조한 마음으로 8시 저녁집회까지 비가 멎기를 기다리고 있었습니다. 그런데 비는 멎지 않았습니다. 오히려 우리의 눈을 의심하게 한 것은 우산을 받쳐 든 성도들이 한 사람 두 사람 늘어나기 시작한 일이었습니다. 그러더니 그 광장을 꽉 메웠습니다.

우중에 집회는 만 명의 성가대 합창으로 시작되었습니다. 집회에 열기가 더해 가자 한 사람 한 사람씩 우산을 접는 것이 보이더니 우산을 다 접어 바닥에 놓고 빗물이 고인 바닥에 성도들이 그냥 앉는 것이 보였습니다. 기자는 물론 우리 간사들도 너무 놀라 아연했었습니다. 빗속에서 박수 치고 찬송하며 말씀을 경청하는 모습을 볼 때 우리는 마음 깊숙이에서 용솟음쳐 올라오는 물줄기처럼 기쁨과 감격이 머리끝에서 발끝까지 쓸어내려 가는 느낌을 체험했습니다. 드디어 집회는 끝났습니다. 그들은 퇴장할 때도 조금도 서두르지 않고 쓰레기도 남기지 않고 돌아갔습니다. 어떤 군대가 이렇게 질서정연할 수가 있을까? 사령관도 보이지 않는데 누가 명령해서 이렇게 순종하며 따르는가?

이 광경을 본 사람은 누구나 하나님께서 살아 역사하신다고 말하지 않는 사람이 없었습니다. 성령의 폭발이 오히려 이 비로 말미암아 이루어지는 순간이었습니다. 하나님께서 왜 한 가지 제목의 기도만 안 들어주셨는지를 우리는 뒤늦게야 깨닫고 김 목사님의 영도력에 다시 한 번 놀랐습니다. 이스라엘 백성이 애급을 빠져나올 때 홍해를 가로막게 하신 것은 하나님의 위대한 능력을 깨닫게 함에 있었던 것과 마찬가지로 이 사건은 또한 기도의 능력을 믿지 못하는 우리에게 세 번 닭이 울 때 베드로를 회개시킨 것보다 더 가슴 아픈 감격과 눈물의 회개를 가져다주었습니다.

저는 이 사건 없이는 김준곤 목사님을 회상하기가 어렵

습니다. 그리고 그때마다 모세가 "너희는 두려워 말고 가만히 서서 여호와께서 오늘날 너희를 위하여 행하시는 구원을 보라."고 홍해를 향해 지팡이를 드시던 이 시대의 위대한 지도자 김준곤 목사님을 이 사건과 함께 늘 보며 살게 됩니다.

1995.8.15.

행함으로 믿음을 보이고 간 목사

　나는 1978년 6월 말 학생으로 댈러스에 가서 친구인 송수석 목사를 만났다. 그는 나와 함께 전주의 기전여고에서 1967년부터 2년간 근무했는데 그때 나는 교무주임이었고 그는 교목이었다. 그 뒤 나는 대학으로 떠나고 그는 미국으로 와서 이민목회를 하고 있었는데 내가 댈러스에 학생 신분으로 가서 만나게 된 것이다. 그러니 십 년 만의 해우였다.

　이민목회라는 것이 쉬운 것이 아니었다. 그가 처음 1975년 교회를 개척할 때는 너무 어려워서 밤에는 청소하고 낮에는 심방을 하였다고 한다. 새로 이민 온 사람들을 공항에 나가 마중하고 거처를 구해 주고 직장을 찾아주며 자녀들 학교를 주선하며, 운전면허증을 취득하는 데 도움을 주고, 은행계좌를 열어주고, 교통사고가 나면 달려가 해결해 주는 등 쉴 새 없이 이민자들의 시중을 들었다. 그것이 이민목회의 실상이기도 했다. 미국 교회를 빌려 목회할 때는 서러움도 많이 겪었다. 한국인들은 너무 시끄럽고, 어디나 쓰레기를 버리고 김치 냄새를 풍긴다고 미국 교회 교인들은 싫어하여 다음 주일 예배 때는 빌려 쓰는 교회 뒤뜰 탁자 위에 버려진 쓰레기와 음식물 쓰레기들을 진열하여 부끄러움을 주기도 하였다.

조금 교인이 모여들기 시작하자, 새 땅을 찾아 교회를 옮겼다. 1979년 4월 4년 만에 처음으로 자기 땅을 구매하기로 가결한 교회는 매우 뒤숭숭하였다. 크고 넓은 땅에 옮기는 것에 대한 기쁨도 있었지만, 독립교단으로 교인들의 재산인 건물과 땅을 미국 장로교회 교단PCUS에 위탁하고 그 교단에 소속한다는 것이 옳지 않다고 반대하는 교인들이 많았기 때문이다. 그 교단에 속하면 약한 교회는 보조해 주기 때문에 목사는 그런 사례금을 받고 들어가려는 것이라고 비난했다. 그러나 그는 그렇게 해야 전도활동을 제대로 하며 많은 정보를 공유할 수 있기 때문에 심한 반대에도 교인들을 설득하며 실천하였다. 1979년 5월 27일 떠난 교인들 때문에 텅 빈 예배당에 둘러앉아 처음 입당예배를 드릴 때는 뒤에서 문만 열려도 혹시 새 교인이 들어오는 것이 아닌가 하고, 교인들은 문 쪽으로 고개를 돌리곤 했었다. 그 뒤로도 송 목사는 고국에서 조그마한 인연만 있어도 이민자를 부탁한다는 연락이 오면, 밤낮을 가리지 않고 공항에 나가 마중했으며, 갈 곳이 없으면 자기 집에서 재우고 살 집을 찾아주었다. 교인들을 보살피기 위해 부부가 문을 잠가 두고 교인 심방을 가면 어린아이들은 문밖에 앉아 기다리고 있어야 했다. 이를 본 교인들은 가끔 자기 집에 데려가서 놀게 했고, 크리스마스 선물을 살 때는 목사님 애들 생각이 나서 옷이나 장난감도 같이 사 주기도 했다. 성경의 야고보서에 보면 "행함이 없는 네 믿음을 내게 보이라. 나는 행함으로 내 믿음을 네게 보이리라.(약 2:18)"라는 말이 있다. 송 목사는 행함으로 믿음을 교인들에게 그렇게 보였으며 교인들은 그의 믿음의 열매를 보고 자랐다.

내가 79년 봄 학기에 덴턴Denton의 대학촌으로 옮긴 때부터 송 목사는 대학에 학위과정 중에 있는 학생들을 위해 매 금요일 밤 35마일의 거리를 운전해 와서 성경공부를 인도하였다. 한국의 2세 지도자들을 말씀으로 무장시켜야 한다는 결심 때문이었다. 이것이 초석이 되어 1983년 8월 25일에 덴턴에 교회가 창립되었으며, 지금은 '큰나무교회'라는 훌륭한 교회로 우뚝 서 있다. 그는 시간을 내어 목회자로서의 자질 향상을 위해 포트워스에 있는 가까운 텍사스기독교대학Texas Christian University에서 목회학 박사학위를 취득하였다.

　그는 이렇게 너무 무리하게 5년간 교인들을 돌보고 자기 영적 양식에 갈급하고 어려운 사람을 돕는 사역을 위해 일하다가 건강을 잃고 드디어 댈러스의 베일러 병원에 입원하게 되었다. 1984년 11월 10일이었다. 그는 피로에서 오는 간암이었고 너무 늦게 병원에 오게 된 것이다. 그해 10월 초부터 소화가 잘되지 않아 유동식만 들었는데 10월 25일부터 28일까지 있었던 캔턴 오하이오Kenton, Ohio의 부흥사경회는 모처럼의 부탁이었기 때문에 거절할 수가 없었다. 무리해서 갔던 집회지에서 10회의 설교와 성경공부를 진통제를 맞아가며 진행했다. 그는 귀가하자 28일 저녁, 사택에 장로들을 모아 놓고 10월 정기 당회를 2시간 반 동안 진행하였다. 그리고는 다음 날 바로 오스틴에서 열린 3박 4일의 평신도를 위한 지도자 수련회에 참석하였다. 이렇게 무엇에 쫓기는 사람처럼 활동하느라 자기가 암에 걸린 것도 모르고 있었던 것이다. 11월 18일 일반병동으로 옮긴 뒤부터는 교인들이 교대로 밤을 새우며 목사님을 위해 기도하기로 했다. 내가 그를 지키기로 한 날은 22일이었다. 사모님과 황 전도사가 그를 지키고 있었는데 그 날은 어느 때보다도 기분이 좋았고 약간의 주스와 미음을 들었다고 기뻐하였다. 아! 기도는 응답이 될 것인가? 그는 오래도록 앉아 나에게 이야기를 하였다. 그는 기뻐서 여러 가지 이야기를 많이 하였다. 그리고는 약간 걸어보겠느냐고 권하였더니, 그는 고개를 끄덕이고 좀 걸었다. 그리고는 침대에 누웠다. 그러나 사모님이 잠깐 자리를 비운 사이에 그는 갑자기 강한 경련을 일으키더니 숨이 막힌 사람처럼 발을 쭉쭉 뻗으며 몸부림을 하였다. 나는 얼결에 발목을 잡으며 의사를 부르라고 소리쳤다. 그것이 그의 마지막이었다. 그는 바로 응급실로 옮긴 후 전혀 의식을 회복하지 못하고 24일 아침 8시 39분 하나님의 부르심을 받았다. 그는 마흔일곱 살의 젊은 나이로 이 교회를 개척한 지 9년 만에 하나님의 부르심을 받은 것이다. '가늘고 길게 살지 않고 짧고 굵게 살겠다.'라고 평소에 말하던 그의 소신대로 되었는데 사모님에게는 그것이 한스러웠다. 그는 떠나면서 하얀 봉투 한 장을 남기고 갔는데 그것은 캔턴 오하이오에서 받은 강사 사례비였다. 봉투는 뜯기지도 않은 채였는데 이것이 종잣돈이 되어 그 뒤 일주년 추모예배 때에 교인들은 5만 불의 '수석기념장학금'을 만들어 프린스턴 신학교에 장학기금으로 전달하였다. 지금도 장학금을 받은 학생으로부터 감사편지가 온다고 한다.

그는 그리 오랫동안 강대상에서 말씀을 전하지 못하고 떠났다. 그러나 그가 이민자들을 정착시킬 때 보여 준 사랑의 삶이, 또 그의 삶에 감동되어 그의 자녀들을 돌보며 선물을 전해 주었던 교인들의 자발적인 헌신이, 프린스턴 신학교에서 그의 '수석 장학금'을 받은 여러 사람의 감사가 지금 1,000여 명이 넘는 댈러스 '빛내리교회'의 밑거름이 되었다고 나는 믿는다. '구원은 오직 믿음'을 주장한 마틴 루터는 야고보 서신을 '진짜 지푸라기 서신'이라고 폄하하였다. 그러나 깊은 믿음의 경지에 있는 사람의 행함은 그것이 믿음의 열매요, 바로 삶으로 본을 보이신 주님의 모습이다. 확신하건대 지금은 씨만 뿌리는 설교의 단계를 지나서 '행함으로 믿음을 보이는' 삶의 본으로 전도할 때라고 생각한다.

위대한 대한민국

　대한민국은 위대한 나라다. 제2차 세계대전 후 국권을 회복하고 피폐한 잿더미와 같던 땅에서 이렇게 빨리 경제 대국이 되었을 뿐 아니라 완전한 민주국가를 이룬 나라는 지구 상에 없다. 당시 후진국, 개발도상국이라고 일컫던 나라들이 우리를 부러워하고 벤치마킹하려 하고 있다. 세계 5대 공업국, 7대 수출국, 8대 무역국, G20의 경제 대국, 인구 5,000만이 넘는 나라에서 국민소득이 $20,000이 넘는 나라 순위는 7번째라고 한다. 6·25전쟁을 겪고 IMF 위기를 나라 사랑하는 일념으로 이겨낸 국민들이다. 삼성, LG TV의 세계 점유율은 70%, 외화보유고 세계 7위, 반도체 일등국이라고 알려져 있다. 미국 뉴욕의 트럼프 타워도 대우건설의 기술력으로 만들어졌다니 자랑스럽지 않을 수 없다.

　그런데 지금 우리나라의 정치 상황은 바닥을 치고 최순실 게이트로 세계에 부끄러워서 얼굴을 들 수 없게 되었다. 이것이

성숙한 민주국가의 모습인가? 대통령은 국가의 원수이며, 외국에 대해 국가를 대표하는 상징적 존재인데 초등학교의 반장만도 못하게 되어버렸다. 이렇게 권위가 실추되어서 어떻게 외교권, 국군통수권, 공무원 임명권을 행사할 수 있겠는가? 최순실 게이트의 몸통은 박근혜 대통령이기 때문에 그분은 하야해야 하고, 국민에게 석고대죄하고, 국군통수권도 내놓아야 한다고 정치인들은 말한다. 2선으로 후퇴하라. 하야하라. 아니면 탄핵하겠다고 한다. 그는 불통이고 독대를 하지 않고, 식사도 혼자 하며 주술에 빠져 악령에 빙의憑依된 최순실의 꼭두각시가 되어 시장 아줌마와 함께 나라를 다스린 죄인이라고 말한다. 그래서 지금은 최순실이 문제가 아니고 그 몸통이 타깃이다. 그를 어떻게 해서든지 제거할 기세다. 그러나 초등학교 반장 갈아치우듯 그렇게 할 수 없다. 그분이 대통령직에 있는 한 내란 또는 외환의 죄를 범한 경우가 아니면 형사상 소추를 할 수 없기 때문이다.

목적을 달성하기 위해 촛불집회에 호소한다. 군중은 이성이 없다. 군중집회는 참가자들의 이성적인 판단과 마땅히 져야 할 각자의 책임을 삼켜버리는 무덤일 뿐이다. 당리당략과 대선후보로서의 입지를 굳히기 위한 추잡한 무리들의 저급한 생각들도 그 속에 묻혀 버린다. 군중의 외침은 가치관이 하향 평준화된 인민재판의 아우성이며, 힘의 정치이고, 민주주의 국가에서 들을 수 있는 소리가 아니다. 그들은 대통령이 국가를 대표하는

상징임을 인식하지 못한다. 누군가가 그 여성대통령이 나를 이
렇게 못살게 하였다는 생각을 하게 만들면 군중은 참을 수가
없다. 그가 우리가 뽑은 대통령이든 외국에 대해서 나라를 상징
하는 대표든 끌어내려서 짓밟아버리지 않으면 직성이 안 풀리
는 것이 군중심리다. 언론과 전문 정치꾼들은 여성대통령의 사
생활을 파헤치고, 역대 대통령이 극복하지 못하고 쓰러졌던 권
력남용의 유혹에 빠진 것을 낱낱이 세상에 들추어내어 그를 대
중 앞에 세우고 죄인으로 처단하도록 부추긴다. 그동안 이 모든
내용들은 세계 각국 신문의 1면 기사가 되고 실시간으로 방송
된다. 대한만국은 우리나라를 부러워하고 코리언 드림을 꿈꾸
던 사람에게 산산이 찢긴 걸레 같은 나체가 된다.

최순실 일당을 찾아낸 것은 언론의 특종이다. 다행으로 생각하며 그 환부를 도려내고, 대통령의 임기를 인내하며, 피해를 최소화하며, 기다려 주는 성숙한 정치인의 모습은 보여 줄 수는 없는가? 왜 우리나라는 대통령마다 임기 말에 부끄러운 모습으로 대통령직을 떠나야 하는가? 국민의 힘을 배경으로 외국 정상들과 당당히 협상하여 남은 임기 동안 위대한 대한민국을 세계에 보여 주며 떠나게 할 수는 없는가? 이것이 성숙한 민주시민으로 정권을 이양하고 이양받는 아름다운 모습이 아닐까?

그러나 이제는 쓰나미가 시작되어 나라의 운명을 가늠할 수 없게 되었다. 너무 가속화되어 이 시점에서는 아무도 핸들을 틀 수가 없다. 초등학교 반장에게는 나라를 맡길 수 없으며, 군중들은 외침으로 정치에 동참하겠다고 한다. 외교권과 국군통수권도 줄 수 없다며 무주공산이 되었다.

오! 위대한 대한민국이여! 침묵한 국민이 이룬 이 나라를 촛불집회의 민심이 뮤지컬 〈레미제라블〉에서 부르는 분노한 민중의 노래 '저들의 노래가 들리는가, 성난 민중의 노랫소리가'로 웅장하게 퍼져나가 행정부나 입법부나 사법부를 무색하게 하고 있다. 그러나 촛불집회 속에는 믿었던 지도자에게 배신을 당해 가슴을 후비며 집회에 동참하여 거리의 쓰레기를 주우며 법질서 유지와 평화를 염원한 무리가 있었던 것은 고마운 일이다. 불행한 것은 소통 없는 독재의 독소가 가정, 교회, 사회 각 조직위에

만연하여 갑질을 하고 블랙리스트를 만들고 민주주의를 퇴보하게 하고 있다는 것이다.

이 시점에서 우리가 간절히 원하는 것은 대한민국을 법질서의 준수 속에 다시 위대한 우리나라로 세계에 우뚝 세워주는 것이다.

6월의 기도

    6월은 호국보훈의 달이다. 누구나 나라를 위해 한 번쯤 기도해야 하는 달이기도 하다. 세계에서 유일하게 분단된 나라에 살면서 아무 염려 없이 분단된 나라를 두고 기도할 수는 없을 것이다. 그런데 바울은 빌립보서에서 "아무것도 염려하지 말고 다만 모든 일에 기도와 간구로, 너희 구할 것을 감사함으로 하나님께 아뢰라. 그리하면 모든 지각에 뛰어난 하나님의 평강이 그리스도 예수 안에서 너희 마음과 생각을 지키시리라.(빌 4:6, 7)"라고 말하고 있다.

    그러나 나는 분단된 나라를 위해 도저히 아무것도 염려하지 않고 기도할 수가 없다. 기도하고 나면 나는 무거운 짐에 눌린다. 내 믿음이 부족한 탓이라고 생각하며 내 마음과 생각이 평안해지기를 구한다. 마음이 평안해지는 한 가지 방법은 하나님이 어떻게 해 주시겠지 하는 생각으로 내가 기도하며 경험하는 모든 인내와 애통을 무시하며 포기해 버리는 것이다. 이북이 핵무기로 우리의 신변을 위협하고 독재정권으로 인권을 유린하고 무고한 백성을 집단 대량 학살한다 할지라도 내가 할 수 있는 일은 없다. 이 일은 하나님께 맡기고 마음의 평안을 얻자.

그런데 기도하지 않은 때보다 더 마음이 무겁다. 무엇 때문일까? 무언가 잘못된 기도 때문이 아닐까 하는 생각을 하다가 우연히 스웨덴의 팝 가수 아달Adahl의 한국을 위한 기도의 노래를 유튜브를 통해 듣게 되었다. 이들은 형제 가수로 형 시몬 아달Simon Adahl이 주로 작곡 작사를 하고 그의 동생 프랭크 아달Frank Adahl이 노래를 부르는 팝 듀오이자 CCM 아티스트다. 시몬은 2011년 8월 15일 새벽 하나님으로부터 코리아의 통일에 대한 노래를 만들라는 음성을 들었다고 한다. 그는 그날 '한국을 위한 기도'라는 주제로 행사를 한 국제기도협회International Prayer council의 도전으로 더 용기를 얻고 작곡을 했으며, 후에 그곳과 연락이 되어 이 곡을 소개했다는데 영어로 된 이 기도의 내용은 대개 다음과 같다.

한국을 위해 기도하렵니다.
한 나라를 봅니다. 둘로 분단된 나라입니다. 이 나라의 치유는 오래전에 이루어졌어야 한다는 것을 나는 영으로 느낍니다. 무릎을 꿇고 기도할 때. 오, 한국이여!

하나님이 길을 열어주소서. 용서를 위해 기도합니다. 형제 사랑을 위해 기도합니다. 해결을 위해 기도합니다. 기도가 이 땅을 선하게 변화시키소서. 경계선이 없는 나라가 되게 하소서. 서로 싸우는 일이 없게 하소서. 오, 한국이여!

나라의 장래는 하나님 손안에 있습니다. 한국을 위해 밤새워 기도하렵니다. 백성들이 그 안에서 오직 하나가 되게. 주의 성령이 변화를 가져오게 하소서. 새로운 날이 밝게 비취게 하소서. 나는 오늘 밤 한국을 위해 기도하렵니다.

하나님은 이 나라를 사랑하십니다. 그래서 그분은 모든 백성을 속량하기 위해 독생자를 보내셨습니다. 그리고 평화를 모든 사람에게 주셨습니다. 그가 십자가에 돌아가실 때. 그는 오직 저들을 위해 피를 흘리셨습니다. 오, 한국이여!

이것이 사실임을 믿으시지요? 주님이시여, 이 나라를 하나 되게 하소서! 저들로 성자이신 당신을 찬양하게 하소서. 그리고 주여 당신의 성령을 부어주소서. 새날이 바로 시작되고 있습니다. 수백만의 민족들이 보좌 앞에 모였습니다. 저들은 결코 홀로 서 있지 않을 것입니다. 오, 한국이여!

나는 밤새워 한국을 위해 기도하렵니다. 백성들이 그 안에서 오직 한 나라가 되게. 주의 성령이 변화를 가져오게 하소서. 새로운 날이 밝게 비취게 하소서. 나는 오늘 밤 한국을 위해 기도하렵니다.

이 기도의 찬양을 들으면서 그는 분명 기도 후 모든 지각에 뛰어난 하나님의 평강을 맛보았으리라고 생각했다. 내 기도는 나 중심이었으며, 하나님을 믿고 의지하며 '기도와 간구로 나의 구할 것을 하나님께 감사함으로' 드리지 못하였다. 하나님의 주권적인 보살핌에 나를 맡기고 참고 기다리겠다는 자세가 아니고, 나는 사사로운 염려에서 자유로워지고 싶다는 편협한 생각으로 성경 구절을 이용하고 있다는 것을 알게 되었다. 주는 어떻게 기도해야 할지 모르는 나를 위하여 미리 성령을 통해 이루 다 말할 수 없는 탄식으로 나를 대신하여 기도해 주고 계신다는 것을 깨닫지 못한 것이다.

안아주기 운동

안아주기 운동Free Hugs Campaign은 2001년 제이슨 헌터라는 사람이 어머니가 돌아가시기 전 '누구나 그들이 중요한 사람이라는 것을 알게 해야 한다.'라는 유언을 남긴 것 때문에 시작된 운동으로 포옹을 통해 정신적 상처를 치유하고 평화로운 가정과 사회를 이루고자 하는 운동이라고 하는데 이 운동이 세계적으로 관심을 갖게 된 것은 호주의 후안 만Juan Mann이라는 펜네임을 가진 분 때문이라고 한다.

일설에 의하면 그는 영국에서 오랫동안 힘들게 상처를 받고 살다가 고향인 시드니에 돌아왔는데 가족도, 반기는 사람도 없고 집이라고 부를 곳도 없어 마치 자기는 이방인으로 비행장 출구에 서 있는 것 같았다고 한다. 다른 사람들은 반기는 친구와 가족을 만나고 포옹하고 웃고 즐기고 있었는데 이것을 보면서 자기도 누군가가 마중 나와서 자기를 만나 행복해하고 안아주었으면 했다, 그래서 카드보드에 'Free Hugs'라고 써서 분주한 길거리에 서 있었는데 모두 쳐다보고 킬킬거리고 지나갈 뿐 안 아주는 사람이 없었다. 15분쯤 지날 때 한 나이 든 부인이 다가 와 그를 안아주었다. 그녀는 아침에 강아지가 죽고 일 년 전엔 차 사고로 딸을 잃은 분이었다. 그들은 낯선 사람이었지만 포옹 하고 미소하며 헤어졌다.

2004년에 그는 본격적으로 안아주기 운동을 시작하였다. 시드니 중심, 피트Pitt 가에 있는 몰Mall 앞에서 'Free Hugs'라는 카드보드를 들고 낯선 사람들에게 안아달라고 호소하였다. 자기가 안아주고, 안김을 받으며 또 상대방에게 자기처럼 카드보드에 글을 써서 낯선 사람들과 안아주기 운동을 시작하라고 권한 것이다. 누구나 상처를 갖고 있는데 이 상처를 포옹으로 서로 치유 받고 밝은 미래를 살자는 것이다.

이는 점차 사회의 호응을 얻게 되었으나 어려운 일도 없지 않았다. 2005년에는 열린 광장에서 낯선 사람을 붙들고 포옹하는 것은 공공질서를 문란케 한다고 경찰은 이런 활동을 하려면 250만 불(25억 원)의 책임보험에 든 뒤에 활동하라는 경고를 했다. 그러나 만 명이 넘는 지지자들의 호소문으로 이 문제는 해결이 되었을 뿐 아니라, 오히려 호주 뮤직밴드인 'Sick Puppies: 병든 강아지들'는 만Mann과 그의 추종자들이 포옹하고 감격해 하는 장면을 비디오로 만들어 로스앤젤레스에 유포했다. 큰 성과는 거두지 못했으나 2006년 만Mann의 어머니가 사망했을 때 그에게 관심을 가졌던 이 호주의 뮤직밴드 사가 그에게 선물로 보낸 비디오와 음악은 큰 효과를 거두어 이것이 유튜브에 올랐으며, 그해 10월 30일 그가 유명한 토크쇼의 여왕인 오프라 윈프리Oprah Winfrey의 인터뷰를 끝내고 나왔을 때는 많은 인파가 그와 포옹하기 위해 기다리고 있었다고 한다. 드디어 2015년까지 유튜브 YouTube를 방문한 사람은 770만 명을 넘었으며 안아주기 운동은 매년 7월 첫 토요일부터 한 달간을 국제포옹의 달로 선포되기도 했다고 한다.

상처를 안고 돌아온 탕자를 아직도 먼 거리에 있는데 아버지가 달려와 그의 목을 안고 입을 맞추며 '이는 잃었다가 다시 얻은 내 아들'이라고 말해 주었는데 이런 아버지의 포옹이면 아무리 큰 상처인들 치유되지 않겠는가? 나는 절친한 친구를 권유하다가 오해를 받고 깊은 상처로 괴로워하고 있는 교인을 안다. 그는 신앙으로 쌓아 올린 소망이 산산조각이 되어 그 친구의 얼굴을 대할 수 없다고 교회를 그만 나올 생각을 여러 번 내비쳤다. 나는 그를 위해 상대방을 만나 오해를 풀라고 권고했으나, 상대방은 자기는 잘못이 없으며 상처를 준 일이 없으니 만날 필요도 없다고 당당했다.

아무 불의도 죄도 없는 예수님은 비난을 받을 이유도 없는데 창에 찔리고 저주를 받고 침 뱉음을 받으면서도 저들이 몰라서 그런다고 인류를 용서하시며 십자가에 돌아가셨다. 나는 주님께서 오서서 내 친구를 안아주며 '나는 많은 시험을 받고 고난을 당하였다. 그것은 시험받는 너를 능히 돕기 위한 것이다.'라고 포옹해 주었으면 했다. 현실적으로 그것이 불가능하다면 내가 그를 안아주고 싶다고 생각했다. 그런데 문화적인 차이인지 도저히 팔이 그의 어깨 위로 올라가지 않는다. 마음으로만 수없이 안아줄 뿐이다. 사랑은 표현할 때까지 사랑이 아니라는데 내 사랑이 어떻게 전해져서 그의 상처를 치유할 수 있을까? 나도 'Free Hugs'라는 카드보드를 들고 그의 앞에 서고 싶다. 만일 그가 이 팻말을 보고 달려오면 용감히 그를 진정 안아주고 싶다.

생활공동체

미국 미시건의 이스트렌싱East Lansing은 내가 1966년 하와이의 EWCEast-West Center에서 일 년 반 동안 과학-수학 교사 연수를 받은 지 10년 만에(1976년) 다시 학위를 받으러 간 곳이고, 그다음 해에 아내가 처음으로 해외로 비행기를 타고 9살의 막내아들을 데리고 미국 땅을 밟은 곳이기도 하다. 아내는 당시 처음 해외 나들이였는데 하와이-엘에이-디트로이트를 용케 거쳐 왔을 뿐 아니라, 그때 미시건 주립대학Michigan State University의 10월 1일의 단풍과 학교 경치가 너무나 인상적이고 아름다웠기 때문에 꼭 한번 가보고 싶다고 했던 곳이다. 이번 오랜만에 보스턴에 있는 아들 집을 방문하면서 38년 만에 아내가 그곳을 한번 방문하고 싶어 한다고 했더니, 디트로이트 공항까지의 왕복 비행기 표와 그곳에서 3일간 MSU를 방문할 차를 빌려 놓았다.

막상 갈 때가 되니 유학생 부인으로 고생만 했던 곳에서 무얼 볼 수 있을 것인지 또 거기서 기억나는 것이나 있을지 모르겠다고 아내는 내키지 않은 것 같았다. 그런 데다 일기예보를 보니 가는 날은 천둥·번개가 치고 폭우가 쏟아진다는 것이었다. 나는 그곳에 하와이에서 같은 방을 쓰던 미국 친구가 살고 있어 만나보고 싶다는 연락까지 하고 기대하고 있었던 터라 망설였는데 날씨 때문에 포기하기로 하고, 50년 지기知己였던 친구에게도 갈 수 없겠다고 말했다. 그랬더니 바로 연락이 왔다. 그날 약간 구름이 낀다는데 무슨 말이냐는 것이었다. 운전 때문이면 걱정하지 말라며 자기가 데리러 가서 데려오며 갈 때는 또 공항까지 배웅해 주겠다는 것이다. 택배비나 두둑이 내라고 했다. 농담이 심해서 나를 짐짝 취급하는 것이었다. 아들 내외는 내가 운전하지 않게 되었다니 대찬성이었다.

50년 동안 연락을 해오던 내 친구는 디트로이트 공항으로 나를 마중 나왔다. EWC는 동서양의 학생을 한 방에 넣어서 서로 사귀며 살게 하고 있었다. 그래서 내 룸메이트가 된 데이비드는 당시 총각이었고, 나는 세 어린아이의 아버지로 그보다 여섯 살이나 위였다. 그때 교제하고 있던 예쁘장한 일본 처녀 아이리스가 지금의 아내다. 그들의 큰딸 다미꼬는 1991년 부모를 따라 한국에 왔을 때 대학교 1학년 학생이었는데 벌써 시집을 가서 13살과 11살의 두 딸의 어머니가 되어 멀지 않은 곳에 살고 있었다. 데이비드는 MSU에서 국제학생 상담실장으로 오래 근무

하다가 지금은 은퇴하여 학교 근방에 살고 있었으며, 딸 다미꼬
는 주청이 있는 다운타운의 외진 곳에 싼 집을 사서 그곳 주민
들과 공동체를 이루고 살고 있었다. 내가 놀란 것은 그들의 삶
의 모습이었다. 총각 때는 신앙을 갖고 있지 않았는데 장로 교
인이 되었고, 지금은 장로로 은퇴하여 가까운 교회에 충성스런
교인이 되어 있었다. 아내 아이리스는 고등학교 선생을 은퇴하
고 APAWA Asian Pacific American Women's Association: 아태미국인여성협회
회장 격으로 일하고 있었다. 일본인 2세로 미국에서 자기와 같
은 약소민족으로 자기네는 누구이며, 어떤 기여를 하고 있으며,
미국을 위해 어떤 걱정을 하고 사는 소수민족인지 보여 주어야
한다고 주장하며, 특히 소수민족의 자녀들에게 모금하여 장학
금을 주는 일을 하고 있었다. 그의 딸 다미꼬는 주청 주변의 빈
민가와 같은 곳에 살면서 마을공동체를 만들어 그들이 가지고
있는 터를 공동 관리하며 닭집을 만들어 19마리의 암탉(수탉은 울
음소리가 이웃을 방해한다고 기르지 않음)을 기르는데 이것도 뜻을 같이하
고 있는 가정들이 공동관리하고 있었다. 이를테면 월요일에 자
기가 닭을 관리하는 순서가 되면 닭 관리를 하고, 또 그때 암탉
들이 낳는 알은 자기가 다 먹는다는 것이다. 공동텃밭에 심은
무공해 농산물은 무엇을 심을 것인지 함께 상의하고, 주말에는
모두 음식을 장만해서 함께 먹으며, 일주일의 계획을 또 상의한
다는 것이었다. 세탁기도 몇 개만 놓고 공동으로 사용한다.

우리는 신앙공동체라고 말하면서 교회에 모였다 흩어지면 그만이다. 서로 함께 살며 계획하고, 걱정하며 같이 고난을 이겨내는 일이 없  다. 정말 기독교인은 이들처럼 살아야 한다는 생각을 한다. 내 친구 데이비드는 나에게 식사를 제공하고 내가 불편하다고 자기 집에 들어가기를 거절하자, 호텔을 빌려 대금을 다 지불하고 공항까지 나를 데려다주고 내가 밖에서 식사 대접을 하고 싶다고 해도 굳이 집에서 먹자고 말하며 호텔에 가서 먹으라고 이것저것 싸준다. 나는 그들을 보며 내가 진정 예수의 사랑을 나누는 기독교인이었는지 스스로에게 묻는다. 그들은 내가 돌아올 때도 공항까지 셔틀버스가 다니는 호텔로 비가 오는데도 잘 데려다주었다. 비가 왔는데 무사히 귀가했느냐고 물었더니 비가 안 왔다는 것이다. 참 신기한 일이라고 했더니, 비는 안 오고 눈이 왔다는 것이다. 그러나 그것은 심한 농담이었을 것이다. 나는 거기서 기독교공동체의 참사랑을 체험하고 왔다.

야외예배와 침례

　미국 플로리다 주의 게인스빌에는 게인스빌한인(침례)교회가 있다. 이 교회는 1980년에 창립되었는데 의사 부부로 있던 손희영 목사가 소명을 받아 신학교를 마치고 1995년 이곳에 부임하여 헌신적인 사역을 시작하면서 부흥하기 시작하였다. 예전에는 플로리다 대학University of Florida에 유학 온 대학원 학생들이 많았기 때문이기도 했다. 요즈음은 유학생의 수가 많이 줄기도 했고, 교회를 통하지 않고도 이민사회 정보를 쉽게 입수하는 환경이다 보니, 학생 교인의 수가 현저히 줄고 대신 교민들이 많아졌다고 한다. 내 둘째 아들은 1997년에 플로리다 의과대학의 교수로 이곳에 오게 되었는데, 이 교회에 적을 두고서 십여 년간 CCF(Centerpoint Christian Fellowship) 영어권 한인 2세 학생들을 지도하다가, 손희영 목사님이 한국에 교회를 개척하게 된 수년 전부터 한인교회에 돌아와 지금은 신입 교인들을 돌보고 있다. CCF

에 있던 2001년부터 매년 중앙아메리카의 유카단 반도의 남쪽에 있는 밸리즈Beliez라는 나라에 20명 내외의 학생들로 구성된 단기선교팀을 인솔하여 그곳 한인 선교사를 돕는 일을 지금까지 계속하고 있다.

이번 그를 방문하고 처음으로 교회에 출석하는 날이 전교인 야외예배를 드리는 날이었다.

참, 야외예배란 그리운 낱말이다. 한국에서도 내가 젊었을 때 또 전 교인이 150명 내외였을 때는 야외예배를 자주 갔었다. 하나님이 만들어 놓으신 대자연의 아름다움을 감상하기 위해서라 했지만, 사실은 딱딱한 규율과 규칙에서 벗어나 자유스러운 공기를 만끽하기 위해서였다. 성경에서는 예루살렘 성전을 제외하고는 모든 산은 우상들이 첩거하는 곳이었다. "산 위와 모든 푸른 나무 아래에 산당과 우상과 아세라 상을 세웠다."라고 구약은 말하고 있으며, 온갖 문란한 행위가 그 나무 아래서 이루어진다는 것을 거기에서 읽을 수 있었는데 그때 나는 왜 그런 산들을 그리워하고 있었는지, 세속화되고 싶은 본성이 교회를 나가면서도 있었던 것 같다. 그곳에 가면 오락도 하고 먹을거리도 있었으며 속된 농담도 흘려 넘길 수가 있었다. 그런 분위기가 나는 좋았던 것이다.

그런데 이곳 미국의 야외예배는 좀 색다른 것이 있었다. 공원에서 앰프와 스피커를 쓸 수 없다는 것이다. 큰소리로 외치고 부르고 하는 행위가 공원을 찾는 다른 사람들을 방해하는 것으로 금지되어 있었다. 그래서 예배 때는 되도록 가까이에 교인을 모아야 했다. 예수님처럼 갈릴리 호숫가에 배를 띄우고 말씀을 선포할 수 있는 정도로 성대가 좋은 목사님은 안 계신다.

우리가 간 곳은 이치터크니 국립공원Ichetucknee Springs State Park으로 지하수를 품은 담수샘으로 아주 유명한 곳이었다. 밑이 들여다보이는 호수의 맑기와 코발트색깔이 그렇게 고울 수가 없으며, 연중 물의 온도는 섭씨 22도를 유지한다고 한다. 그래서 미국 관광객들이 수십 명 비키니 차림으로 수영을 하기도 하고 또 일광욕하고 있기도 했다. 거기서 목사님은 온 정신을 말씀에 집중해서 들으라고 외치고 있었다. 그렇다 말씀에 집중하려면 육의 눈을 감고 영의 눈을 떠서 들으면 된다.

설교가 끝나자 침례식이 있었다. 내가 처음 보는 광경이었다. 수세자 두 사람이 필요한 복장을 하고 미국 관광객들의 양해를 받아 장소를 비운 뒤 침례를 받는 것을 처음 목격하게 되었다. 몸을 뒤로 해서 온전히 물속으로 잠기게 하는 것이었다. 장로교 세례는 손에 물을 묻혀 머리에 올리는 정도거나 유아세례 때는 안약 방울 정도를 바르고 세례를 베푸는 것인데 이것은 경이에 가까운 회개의 침례였다. 그들이 몸이 젖은 채 침례를 받은 간증을, 눈물을 흘리며 할 때 세례 요한이 회개의 세례를 외치고 그들에게 베푼 침례가 저런 것이 아니었을까 하는 생각을 하게 되었다.

믿을 수 없는 이야기지
만 콘스탄티누스 대제는
죽을 때까지 세례를 받지
않았다고 한다. 그것은 그
는 사람을 죽여야 하고 전

쟁도 해야 하기 때문에 세례를 받을 수 없었다는 것이다. 그가
죽기 전에 세례를 받을 때도 오른손은 남겨 두고 물속에 잠겼다
는데 나쁜 짓 많이 한 오른손이 어떻게 회개할 수 있느냐고 했
다는 것이다. 우리는 너무 쉽게 세례를 받는데 정말 진심으로
회개하고 머리에 물방울만 얹힐지라도 물속에 오래 잠겼다 나
온 생각으로 세례는 받아야 한다고 생각된다.

내 교회는 늙었는가

나이가 들면 고향을 찾아가고 싶어 한다고 한다. 그런데 내 고향 교회는 내가 장로 장립을 받은 미국 댈러스의 빛내리교회라는 생각이 든다. 늘 포근한 느낌이 드는 곳이기 때문이다. 이번

에도 장립 받은 지 34년 만에 또 찾게 되었다. 그런데 이 교회도 내 나이만큼 늙은 것이 아닌가 하는 생각을 하게 되었다. 교회 창립 41년이 되었으니 늙어가고 있다고 생각할 수도 있다. 그보다도 내가 나이 들어 보인다고 말하는 것은 이 교회의 교인들은 한국인 일세의 나이 든 분들이 많고, 예배 때 찬송가가 옛날 늘 부르던 흔한 찬송이었고, 예배의 형식이 변함이 없었으며, 사도 신경도 옛날 버전 그대로였다. 새로운 것은 외우기가 힘들다고 해서 한 번 바꾼 것을 다시 옛날 버전으로 바꾼 것이라고 한다. 수구적이고 보수적인 것이 편안하기는 하지만 늘 좋은 것만은 아니다. 특히 미국에 이민해 와 사는 사람들은 이제는 한국인 일세보다는 1.5세와 2세대가 많아진 때 이민 교회가 이민 1세대가 주류를 이루고 있을 수만은 없는 일이다.

늙으면 변화를 싫어하고 안일과 기득권의 향유를 좋아하게 된다. 그 한 예를 당회원 선출에서 볼 수 있는데 일해야 할 사람은 힘들다고 당회원이 되기를 싫어하고 못된 사람은 자리를 탐한다. 그리고 노인들은 개혁적이고 젊은이들이 당회원이 되는 것을 싫어한다. 따라서 평안한 교회생활을 즐기는 신 바리새인이 생겨, 자기도 일하지 않고 다른 사람이 일하는 것도 방해하게 된다. 결국, 몇몇 소수의 지도자만이 힘에 겹도록 일을 하다가 지치게 된다. 이것이 늙은 교회의 특징이다. 이런 모습이 고향 교회에 보이는 것 같아 싫다.

그런데 첫 예배를 드린 뒤 나는 생각이 달라졌다. 목사님이 숫자와 교회 부흥에만 애쓰는 나머지 세속에 영합하는 프로그램과 CCM에만 치중하는 교회를 닮아가는 것이 아니라 '하나님을 기쁘시게 하는 교회, 사람을 행복하게 하는 교회'라는 표어를 내걸고 새 교인 영입에만 혈안이 되지 않고, 지금 출석하는 교인을 위한 영성을 귀하게 생각하고 그들을 참 그리스도의 제자가 되게 하는데 열심인 것을 보게 되었기 때문이다. 전 주말에는 결식아동 후원을 위한 바자회를 했다고 했다. 이것은 FMSC(Feed My Starving Children: 굶주린 내 어린아이를 먹이라)라는 선교단체와 협력하는 일이었다. FMSC는 1987년 미국 미네소타 주의 한 실업가가 "내 굶주린 어린아이들을 보면 네가 먹이라."는 하나님의 음성을 듣고 설립한 선교단체인데 지금은 미국 각지에 산재해 있다. 주로 음식을 포장해서 갖다 주는 것인데 $25.00 정도로 만들 수 있는 일인 분 음식을 Manna Pack Rice라는 작은 봉지에 싸서 현지에 보내는 일이다. 이 교회에서는 그 선교단체의 스케줄에 따라 9월에 전문인이 오면 10만 봉지($25,000.00)를 그들의 지시에 따라 전 교인이 봉사자가 되어 포장해서 만들어 보내기로 하고, 우선 그 경비를 마련하는 바자회를 한 것이라고 한다.

감명 깊었던 것은 목사님을 비롯한 사역자들이 모두 이 바자회에 동참하기 위해 구두 닦기를 했다는 것이다. 어떤 교인은 헌 구두 한 자루를 담아서 닦아 달라고 맡겼는데 거기 한 봉투에 쪽지가 들어있었는데 자기가 일주일간 일해 번 돈 전액을 담았다면서 결식아동들에게 보내달라고 했다는 것이다. 그것이면 새 구두도 얼마든지 살 수 있는데 아주 헌 구두를 아껴 쓰며, 일주일 번 돈을 결식아동에게 바친 것에 목사가 감격했다고 말하기도 했다. 또 어떤 분은 오랫동안 모은 고장 난 청소기 20여 개를 모아 수리한 것을 바자회에 내놓고 다시 사 쓰라고 권고했다는 것이다. 5,000명을 먹이고 남은 음식을 거둔 예수님의 마음을 닮은 일이다. 쭈그려 앉아 교인들의 먼지 묻은 구두를 닦는 목사님의 낮은 자세의 봉사가 얼마나 많은 사람들을 성령의 감동으로 하나님의 일에 동참하게 하였는가? 이것은 교회가 젊어지고 있다는 징조이다. 그렇다면 이 교회는 늙은 것인가 젊은 것인가? 예수님은 말씀과 이적뿐 아니라 "나를 따르라.", "와 보라."는 등의 말씀과 행함으로 본을 보이셨다.

내 고향 교회가 새 생명을 얻고 거듭나 다시 젊어지는 길은 이민 1.5세나 2세대들에게 길을 내주는 일이다. 지금은 내 세대가 아니라 아들과 손자들의 세대이다. 물론 지금도 영어 사역의 예배가 없는 것은 아니다. 그러나 더욱 노력해서 그들이 이 교회의 지도자가 되게 하고, 지금은 내 주장과 안일을 양보하고, 그들이 불편을 느끼지 않고 교회생활을 하도록 하고, 그들이 지도력을 발휘하도록 협력하고 돕는 일을 해야 한다.

원수를 사랑하는가

이북을 후원하는 민간단체에 CFKChristian Friend of Korea라는 것이 있다. 당초의 이름은 '배유지100주년기념재단Eugene Bell Centennial Foundation'이었다.

배유지 목사는 한국 선교사로 1895년 4월 9일 입국한 분이다. 그분의 사위가 한남대학을 설립하신 인돈William Linton 목사이고, 그의 손자가 인세반Stephem Linton인데 그는 1979년부터 계속 북한을 출입했으며, 빌리 그레이험 목사의 고문으로 그 목사가 김일성을 만날 때는 통역을 맡기도 했던 분이다. 그가 1996년 북한을 방문했을 때는 1995~1996년의 대홍수와 연이은 한발로 북한 주민들이 고통을 받고 있을 때였다. 그때 북한을 방문한 평양의 신학교와 외국인학교 출신 124명이 모였을 때 인세반은 북한을 돕자는 연설을 하게 되고, 이를 받아들여 결성된 재단이 '배유지100주년기념재단'이었다. 그때부터 그들은 꾸준히 이북을 도왔다. 주로 황해도와 개성을 중심으로 결핵 병원과 요양소를 설립하고, 그곳에 필요한 의료장비와 약품, 샘 파기와 양수기, 태양열 조명 시스템과 비닐하우스 등을 보급하는 일을 하였다. 최초에는 20kg 쌀자루에 배유지 기념재단의 로고인 두 남자가 배에 타고 있고, 그 배가 거친 파도를 건너고 있는 '화해'의 그림을 찍은 것이었다. 후에(1998년) 재단 이름은 더 보편적인 것으로 고치기로 해서 CFK로 바뀌었다.

인세반이 결핵환자를 돕기로 한 것은 그의 부친 휴 목사Hugh Linton가 인돈 목사를 이어 순천에서 선교사로 있을 때 그 지역에 창궐하는 결핵 환자를 돕기 위해 그곳에 결핵요양원을 설립(1960년)해서 돕다가 돌아가신 것에 기인한다. 그분은 광양 일대 간척지를 정부에서 불하받아 어려운 농민에게 나누어 주고 흩어진 도서지방을 다니며 선교활동을 하여 200여 교회를 개척한 분이다. 주로 검은 고무신을 신고 다녔는데 한번 집을 나가면 몇 주일이고 돌아오지 않은 때가 많았다고 한다. 귀가하면 애들이 애타게 아버지를 기다리고 있는데 부인되는 인애자 선교사는 그를 문에 세워두고 집안에 들이지 않았다. 시골에서 빈대를 묻혀 오기 때문에 내복을 다 벗고 샤워하기 전에는 애들과 만나지 못하게 했던 것이다. 그런데 1984년 4월 10일에 농촌 교회 건축에 쓰는 자재를 싣고 오다가 교통사고를 당해 돌아가셨다. 그것도 빨리 병원에 모셔 가면 살 수 있었던 것을 우왕좌왕하다가

수혈 시기를 놓친 것이다. 이를 안타깝게 여긴 그의 막내아들 요한John Linton: 현재 세브란스국제진료소 소장이 후에 돌아가신 아버지의 조위금 3,200만 원으로 구급차를 만들어 순천시에 기증하였다(1992년). 이것이 현 119의 효시다. 또한, 그의 어머니 인애자 여사가 1996년 호암 사회복지상을 받았을 때는 이를 기금으로 또 구급차 한 대를 만들어 1997년에는 요한이 직접 북한에 차를 타고 가서 기증하기도 했다.

이 재단이 이북을 돕는 특별한 방법은 컨테이너에 구호품을 실어 보내는데 그 구호품은 도착과 분배와 사용처를 확인한 뒤에 인도한다는 것이 그들의 이북과의 약속이라고 한다. 한 번은 환자를 위한 담요를 보냈는데 입국 수속이 늦어져서 추운 병실에 입원해 있던 환자에게 담요가 전달되지 않아 환자가 치료를 다 받지 못하고 퇴원해 버린 일도 있었다고 한다. 이렇게 구호품이 꼭 필요한 사람에게 전달되는 것을 원칙으로 하고 있다. 이들은 각국 각 계층에 원조 신청을 하는데 국내에 거주하는 한국 사람은 별로 돕지 않은 것 같다. 연말에 보내 주는 후원자 명단에 한국인은 별로 보이지 않기 때문이다. 왜 같은 동포인데 다른 나라 사람들만 돕는 것일까? 한국에도 많은 비영리 구호단체가 있지만, 그들은 아마 자기들의 이름으로 돕고 싶어 하기 때문인 것 같다.

지난 1월 18일은 CFK 설립 20주년을 맞아 원근 각처에서 모인 150여 명의 후원자들과 CFK 본부가 있는 노스캐롤라이나에서 기념예배를 드렸다고 한다. 그들은 매월 초 후원자들에게 '매일 기도제목'을 적은 달력을 보내는데 2월 16일 김정일 생일에는 '북한의 위정자들이 바르고 의롭게 되며, 북한 주민들에게 자비로워질 수 있도록 기도해 주세요.'라고 기록되어 있다. 우리 교회는 매 주일 공동기도제목(교회 사명선언)을 예배 때 외우는데 거기에는 '북한의 형제자매를 구원하여 주소서.'라는 것이 있다. 그러나 북한 주민을 측은히 여기고 기도한 적은 거의 없다. '김정은'이라는 이름만 들어도 소름이 끼치는데 위정자를 위해 무슨 기도를 할 수 있겠는가? 통일이 되면 맨 처음 자기 교회의 개척교회를 북한에 세우겠다고 적금하고 있는 교회도 있다는데 그들은 적금해서 자기네 이름의 교회를 세울 생각만 하는 것일까? 정말 원수를 위해 기도하는 것일까? 지키기 어려운 예수님의 가르침 때문에 기독교인은 어쩔 수 없이 위선자가 되고 있는 것이 아닐까?

죽음 사랑하기

죽음이란 슬픈 일이고 두려운 일이다. 이애란의 '백 세 인생'이
라는 노래에는 '육십 세에 저 세상에서 날 데리러 오거든 / 아직
은 젊어서 못 간다고 전해라 / 칠십 세에 저 세상에서 날 데리러
오거든 / 할 일이 아직 남아 못 간다고 전해라'라는 가사가 있
다. 자기는 영원까지는 아니더라도 더 살 수 있고, 살아야 한다
고 생각하고 있는 것이다. 자기는 지금까지 누려온 부와 명예를
박탈당할 수 없으며, 쌓아온 인간관계를 끊고 이 세상을 떠날
수가 없다고 생각하는 것이다. 그런데 죽음은 예고 없이 다가온
다. 그래서 이 세상의 곳간에 많은 재물을 쌓아두고 앞으로의
희망과 꿈을 접은 채 떠날 수가 없는 것이다. 문제는 이 죽음이
예고도 없이 삽시간에 코앞에 다가서는 일이다.

지혜 있는 우리 조상들은 종교인이 아닌데도 죽음을 사랑하
고 연습하는 법을 알고 있었다. 자기가 죽어 들어갈 관을 미리

만들어 집 처마 밑에 매달아 내놓고, 수의를 만들어 장롱에 넣어두고 생각 날 때마다 그것을 꺼내어 어루만지며 죽음과 함께 사는 연습을 한다. 어떤 이는 자기가 묻힐 묘소도 미리 정해 두고 가끔 가서 거기를 거닐며 죽음을 연습한다. 그럼 막상 죽음이 다가와도 두려워하지 않는다는 것이다.

나는 쌓아 놓은 재물도 없으며 탐하는 명예와 잃을 권력도 없다. 차마 눈감고 떠날 수 없는 나약한 어린 자녀가 있는 것도 아니다. 이 세상의 장막집이 무너지면 하늘나라에 마련된 거처가 있다는 것도 안다. 그래도 나는 가끔 충분히 죽음을 준비하고 있는가 하고 뒤돌아보며 생각한다. 내가 떠나고 나면 자녀들이 어떻게 버려야 할지 모르는 살림이 너무 많다. 옷가지와 가구는 다 태운다 할지라도 책은 어떻게 할 것인가? 사랑하는 친구들이 아끼며 간직해 달라고 보낸 책들을 처분할 길이 없다. 40~50년 동안 추억으로 간직했던 30권이 넘는 앨범은 어떻게 할 것인가? 가전제품은 버리려고 하면 아직도 쓸 만해서 버리지 못하고 있다.

요즘 나는 깜박깜박 이름이 생각나지 않은 친구들이 있다. 전화가 오면 그들과 가졌던 추억들이 생각난다. 그러나 이름이 잊히면 추억도 사라지고 영적으로 이별도 되는 것이겠지 하고 생각한다.

그러나 아내는 어떤가? 내가 그 이름을 잊을 수가 있을까? 그와의 관계를 청산할 수 있을까 하고 생각한다. 우리는 죽을 준비를 하고 있다. 그래서 영정사진도 찍어 놓았는데 너무 오래되어 새로 찍어야 한다. 수의도 준비해 놓고 우리 침대의 헤드보드headboard 뒤편에 놓고 매일 잠든다. 그런데 아직은 쓸모가 없다. 나이가 들어 물건을 못 버리니 더 사지는 말자고 했는데 오래 살다 보니 주방기구도 바꿀 수밖에 없다. 30년 이상 덮은 오리털 이불 커버가 낡아서 닳아 구멍이 났다. 그래서 할 수 없이 새 커버를 사서 씌워보려고 백화점에 갔다가 신혼부부 이불을 사게 되었다.

집에 와서 침실치장을 하고 보니 새로 시작한 신랑 신부 같은 생각이 드는 것이었다. '자, 이제 첫날밤을 보냅시다.'라고 했는데 왕 할머니가 된 아내는 이제는 나긋나긋하지 않고, 팔베개해 준다고 해도 숨 막힌다고 밀어낸다. 그러자 한순간이었지만 갑자기 죽기 싫다는 생각이 드는 것이었다. 구약의 롯의 아내처럼 세상에 미련이 생긴 것이다. 어떤 목사는 시한부 선고를 받은 호스피스 병동에 가서 심방을 하고 예배를 드려준 일이 있었는데 떠나려고 했더니 환자가 가족들을 다 내보내고 목사만 남아달라고 했다 한다. 병실에 사람이 없어지자, 그 피골이 상접한 환자는 목사를 붙들고 '나랑 같이 갑시다.'라고 했다는 것이다. 혼자 가려는 저승길이 너무 무서웠던 것 같다. 천국을 사모하고 산다고 평소에 말하고 있던 목사도 등골이 오싹해지고 식은땀이 흐르는 것을 느끼며 얼결에 '먼저 가시지요.'라고 했다는 것이다. 죽음은 누구에게나 그렇게 두려운 것이다.

로마의 장군이 원정에서 승리하고 개선장군으로 금의환향할 때는 네 마리의 백마가 이끄는 전차를 타고 노예들을 뒤에 이끌고 귀환한다고 한다. 그때 그 하루는 신처럼 추앙을 받는데 그 행렬에는 한 노예를 두어 '메멘토 모리(죽음을 기억하라)'라고 계속 큰 소리로 외치게 한다고 한다. 승리의 최고 절정기에도 인간은 죽음을 이마에 붙이고 살아야 한다는 뜻이다. 그것이 하나님을 배반하고 지상으로 추방되어 사는 인간의 숙명이기 때문이다.

죽음은 사랑하고 함께 살아야 한다.

나 자신을 사랑하는 이들

인간은 본능적으로 자신을 사랑하게 되어 있다. 그래서 예수님께서는 그래서는 안 된다고 이웃 사랑을 강조하면서 "네 이웃을 네 자신같이 사랑하라.(마 22:39)"고 가르치셨다. 그분은 언제나 병 든 자, 과부, 가난한 자, 짓밟힌 민초들을 찾아다니며 도도히 흐르는 물에 쓰레기처럼 휩쓸려 내려가지 말고 연어처럼 물을 거슬러 오르라고 말하고 있다. "너희들은 살아 있는 생명체다. 세상의 물결에 휩쓸려 흘러내리지 말고 세상을 대적하여 싸워 이기라."라고 말한 것이다. "왜 죽은 법에 얽매어 노예생활을 하고 있느냐. 내가 너를 자유롭게 하겠다. 내 생명의 법이 죽은 의문儀文의 법에서 너를 풀어주겠다. 나를 따르라."라고 말한다.

그러나 잘 믿는 자라 할지라도 나 자신 사랑하기를 그만두고 내 이웃을 사랑하는 힘든 일을 하려고 하지 않는다. 내가 먼저 잘 입고, 잘 먹고, 잘 살기 원하기 때문이다. 그런데 남을 돌보지 않고 자기만을 위해 살다 보면 어느새 보수적인 이기주의자가 되어 있는 자신을 발견한다. 헐벗고 굶주리고 셋집을 전전하고 살 때는 사치하고 낭비하고 사는 사람들이 타도의 대상이더니 막상 자기가 이 어려움에서 벗어나자 헐벗은 사람들을 기피하게 되고, 이제는 인간의 기초생활에 만족하지 않고 명예와 권력까지 탐하게 되고 갑질까지 시작하게 된다.

나는 지금의 기독교인들이 그렇다고 생각한다. 매일 어떻게 기도하고 있는지 자신을 돌아보면 자신의 시야가 보인다. 먼저 자신과 가족의 안녕을 위해 기도한다. 자녀와 가족을 위해, 그리고 형제들을 위해…, 조금 넓어지면 자기 직장이나 교회를 위해…. 그러나 이것은 결국 '나 자신을 사랑하는' 일의 외연外延에 불과하다. 기도의 범위가 이런 곳에 머물러 있다면 그는 '나 자신을 사랑'하는 테두리 안에 갇혀 있는 것뿐이다. 그래서 내 밖의 일에 대해서는 점점 관심이 사라진다.

녹색운동이나 NGO 활동에 동참하라고 해도 관심이 없다. 세계 각처에 대지진이 나고 대홍수로 이재민이 많이 생겨도 관심 밖이다. 바로 이웃인 이북에서 수소폭탄 실험을 했다. 익산시에 이슬람 할랄 식품공장을 50만 평의 대지 위에 짓는다 해도 하나님께서 어떻게 해 주시겠지 하고, 피난처에 파묻혀 사는 사람처럼 그런 일에 격분하지 않고 평안하다. 책은 자기 목적에 부합된 부분만 읽고 던져 버린다. 마찬가지로 주변 사람도 자기에게 유익할 때만 이용하고 용도 폐기한다. 그래서 '나 자신만 사랑하는 이들'은 그 존재 자체가 이웃에게 해로울 뿐 아니라 많은 사람에게 큰 상처를 준다. 특히 이런 이들이 국회의원이나, 대기업의 회장, 국가 권력자가 되어 있는 경우는 공인으로서 그의 편협한 가치관에 의한 언행이 국민의 분노를 일으킨다.

다행스럽게도 인간에게는 이타적인 면이 있다. 하나님께서는 '나 자신을 사랑'하는 마음뿐 아니라 이웃도 측은히 여기고 사랑하는 마음을 심어주셨다. 세상 만물을 보면서 하나님이 계신 것을 깨달아 알게도 하셨으며, 자기가 한순간이라고 육체를 가지고 잘 살 수 있는 것은 하나님의 은혜인 것을 알고 감사할 줄도 알며, 세상의 모든 것은 순간적이며 썩어질 것뿐이지만, 썩지 아니할 영원한 것이 있다는 것을 깨달을 수 있는 위에서 오는 지혜까지 주셨다. 하지만 인간은 이 세상에 살면서 점차 세상에 물들고 질서에서 무질서로, 부지런함에서 게으른 성품대로 흘러가는 것을 좋아하게 된 것이다.

예수님 당시의 서기관이나, 바리새인이나, 제사장들이 그랬다. 그들은 구세주 예수가 언제 어디서 태어날 것을 잘 알고 있었다. 그러나 그를 영접하지 않았으며, 오히려 오신 예수님을 욕하고 십자가에 못 박았다. 그들은 죽은 의문의 율법이 편하고, 세상에 영합迎合하는, 그리고 기득권을 유지하고 사는 것이 좋았던 것이다. 그러나 예수님은 그들을 회칠한 무덤이라고 저주하셨다. 그리고 제자들에게 세상을 이기고 살아 영생을 얻으라고 하셨다.

현대의 '나 자신을 사랑하는 이들'은 기독교인까지도 세상과 하나 되는 속화된 인생을 살고 있다. 교회가 세상에 들어가 누룩 역할을 하려면 목사나 교인들이나 그들이 중류 세상 사람들보다 호화로운 삶을 사는 것을 하나님께 감사하고 이웃에게 부끄럽게 여기며 세상의 예기치 못한 재난들을 자기의 편협한 가치관으로 판단해서 이웃에게 상처 주는 일을 하지 않아야 한다. 이것이 '나 자신을 사랑하는 이들'이 삼가야 할 일이라고 생각한다.

우리는 이 시대의 풍조를 본받지 말고, 마음을 새롭게 함으로 변화를 받아야 한다.

내 이웃을 사랑하는 이들

세상에는 '내 이웃을 사랑하는 이들'이 많다. 지난 12월 크리스마스 계절에 구세군 자선냄비에 걷힌 모금액은 71억으로 예상액 70억을 넘었다고 한다. 1970년대에는 자선냄비에서 돈을 훔쳐가는 사람이 있어 잠복근무하는 일도 있었다고 하는데 그래도 지금은 부유한 나라가 되어 이웃 사랑하는 마음이 이렇게 많이 확산한 것은 기쁜 일이다. 이때를 기다려 아껴서 모은 100만 원권을 넣는 80대 할머니가 있다니 얼마나 훈훈한 이야기인가? 이들은 게으르고 안일한 삶을 역행해서 자기를 희생하여 남을 위해 사는 사람들이다. 혹 길거리에 떨고 서서 종을 흔들고 있는 모금원을 보고 푼돈을 넣고 가는 거리의 행인도 있을 것이다. 그러나 이것은 나만을 사랑하지 않고 내 이웃을 사랑하는 이들이 있다는 증거다.

이런 조용한 종교적인 자비에 의존하는 이웃 사랑보다 조금 더 적극적인 이웃 사랑을 원하는 사람도 있다. 1,001마리의 소 떼를 이끌고 이북에 넘어가 헐벗은 이북 동포를 사랑하겠다는 정주영 회장 같은 분이다. 그는 1998년 6월에 500마리, 10월에 501마리를 끌고 '정주영 소 떼 방북'을 했다.

1895년 한국 선교사로 와서 활동한 배유지 목사의 외손자 인 세반Stephen Linton은 1995년 평양에서 학교에 다닌 미국인 졸업생 124명에게 주제 연설을 하는 가운데 북한을 돕자고 '배유지 내한 100주년 기념재단'을 제안했는데 그것이 열매를 맺어 지금까지 20년간 꾸준히 이북에 결핵 병원을 세워 돕고 있다.

한편 '내 이웃을 사랑하는 이들'의 과열된 이타주의 현상도 볼 수 있다. 사회는 날이 갈수록 불의가 만연하고, 빈부의 격차는 심해지며, 윤리와 도덕은 땅에 떨어지고 있다. 이제는 자기구원에 만족하고 있을 때가 아니다. 먼저 사회구원이 있어야 한다. "내가 불을 땅에 던지러 왔다. … 내가 세상에 화평을 주려고 온 줄로 아느냐? 오히려 분쟁하게 하려 한다."라고 말하며, 예수님도 눈에 보이는 거짓 화평을 싫어하셨다. 무엇 때문에 인간을 구원하셨는가? 누룩이 되어 사회를 변화시키기 위함이 아닌가? 하고 기독교인들은 불의에 항거하여 세상에 뛰어들어야 한다고 분연히 일어서는 이타주의자들을 볼 수 있다. 이들은 이상적인 세상을 꿈꾸고 인권이 유린당하는 이웃을 보면 분연히 일어선다. 대기업이 임금을 수탈하고 있다고 생각하면 임금협상을 하려고 머리띠를 두르고, 때로는 금식하고 분신자살까지 감행한다. 노숙자를 위해 길거리에 나서며 독재정권에 맞서 몸을 던진다. 이런 종교단체로는 천주교정의구현전국사제단이 있다. 또 기독교적인 이론을 뒷받침하는 민중신학자들이 있다. 촛불집회를 하고, 연좌데모를 하고, 일인시위를 하고, 분신자살하는 사람들은 개인 구원에 만족한 이기주의자들이 아니고, 불의에 맞서 사회를 바로잡아보자는 이타주의자들의 분노의 표출이다. 그들도 입고, 먹고, 자야 할 가족을 거느린 사람들이다. 그러나 그들은 가족보다도 이웃 사랑이 먼저다. 신·불신을 가리지 않고 그들은 내 이웃을 사랑하는 이들이다.

자기 자신만을 생각하는 이기주의도 문제이지만, 가족을 돌보지 않고 불의를 위해 몸을 던지는 과격한 이타주의도 문제이다. 기독교의 본질을 떠난 이기주의와 이타주의, 이 양극단의 균형을 이룰 수는 없는 것일까? 여기서 교회라는 이름으로 모인 기독교인의 역할은 없는 것일까? 세상(돈)이 기독교인의 마음을 주장하고 있는 동안은 내 자신만 사랑하는 이기적인 이들, 즉 자기구원에 만족하고 안일한 삶을 추구하는 사람을 없앨 수는 없을 것이다. 또한, 이념과 완벽하지 못한 체제로 생기는 독재적인 권력과 경제적 불평등으로 양극화 현상이 일어나는 것을 국가나 종교가 막을 수 없는 이상 극단적인 이타주의 또한 사라지지 않을 것이다.

결국, 이 세상에 하나님의 나라가 임하지 않은 이상 영원한 안식을 있을 수 없다. 다만 기독교인이 예수님이 오신 뜻을 제대로 알고 세상과 영합하지 않은 경건한 삶을 살 수만 있으면 극단적인 이기주의는 사라지고 극단적인 이타주의도 줄어들 것이다.

극단적이지 않고 겸손한 일이 하나님께 드려질 때 그것이 거룩한 일이 된다.